LES MISÈRES
DE LONDRES

III

LA CAGE AUX OISEAUX

POISSY. — TYP. BOURET.

LES MISÈRES
DE LONDRES

PAR

PONSON DU TERRAIL

III

LA CAGE AUX OISEAUX

PARIS
E. DENTU, ÉDITEUR
LIBRAIRE DE LA SOCIÉTÉ DES GENS DE LETTRES
PALAIS-ROYAL, 17 ET 19, GALERIE D'ORLÉANS.

—

1868
Tous droits réservés

LES MISÈRES DE LONDRES

TROISIÈME PARTIE

NEWGATE
LE CIMETIÈRE DES SUPPLICIÉS

I

L'Irlandaise avait longuement causé, dans la chambrette du clocher, avec l'homme gris, et, sans doute, elle savait ce qui allait se passer, car elle ne fit aucune objection et monta dans le cab à quatre places que Shoking, qui était allé en avant, eut bientôt découvert.

— A Hampsteadt! cria l'homme gris au cocher.

L'enfant ne demanda rien non plus.

N'était-il pas avec sa mère et avec l'homme qui l'avait sauvé du moulin?

D'ailleurs, cet enfant était presque un homme, — il l'avait prouvé déjà.

Le courage, le raisonnement, ces deux qualités essentiellement viriles, avaient chez lui devancé les années.

Ralph avait vu pour la première fois l'homme gris dans la prison de la cour de police de Kilburn.

Tout ce que cet homme, qui lui avait parlé le cher idiome de son pays, lui avait prédit, s'était réalisé.

Ralph avait donc confiance dans l'homme gris comme dans sa mère, et lorsque celui-ci lui dit, tandis que la voiture roulait :

— Mon petit Ralph, seras-tu bien obéissant ?

— Oh ! oui, monsieur, répondit-il.

— Feras-tu tout ce que je voudrai ?

— Oui, monsieur.

Le cab traversa de nouveau Waterloo-Bridge, remonta les beaux quartiers jusqu'à Holborn-street et prit la route d'Hampsteadt.

— Est-ce que nous retournons chez mistress Fanoche ? demanda Shoking.

Ce nom fit tressaillir la mère et l'enfant.

Cependant, aucune crainte ne se peignit sur leur visage.

— Non, répondit l'homme gris. Nous allons simplement à ma maison de campagne.

Shoking crut avoir mal entendu.

— Est-ce que vous avez une maison de campagne à Hampsteadt, maître ? demanda-t-il.

— Ce n'est pas moi.

— Qui donc, alors ?

— C'est toi.

— Moi ? fit Shoking stupéfait.

— Toi-même, mon cher.

— Maître, reprit Shoking, je suis habitué à vous voir faire des miracles, mais il en est que Dieu lui-même, je crois, ne saurait faire.

— Bah ! fit l'homme gris.

— Non-seulement je n'ai pas de maison de campagne, mais encore je n'aurai pas de domicile dans Londres demain, car ma dernière semaine payée à mon boarding expire demain, et...

Shoking s'arrêta.

— Et ? fit l'homme gris, en souriant.

— Et je n'ai plus d'argent, balbutia Shoking, en baissant la tête.

— Comment, dit l'homme gris, qui se plut à prendre un air sévère, tu as déjà dépensé les dix livres de lord Palmure ?

La tête de Shoking retomba presque au milieu de sa poitrine.

— Dame! fit-il, j'ai cru que ça ne finirait jamais, et je suis allé un peu vite.

— Après cela, dit l'homme gris, un mort n'a plus besoin de domicile.

— Comment un mort?

— Sans doute.

— Mais je suis bien vivant! dit Shoking.

— Je te prouverai tout-à-l'heure, non-seulement que tu es mort et qu'il n'y a plus de Shoking en ce monde, mais encore...

— Ah! par Saint-George, s'écria Shoking, je suis crédule, maître, mais pas à ce point...

— Attends, tu verras.

Shoking regarda l'homme gris avec une véritable inquiétude.

On passait alors auprès d'un réverbère et sa lueur tombait d'aplomb sur le visage.

— Bon! dit celui-ci, souriant toujours, tu te demandes si je ne suis pas fou...

Shoking ne répondit pas.

— Et si au lieu de me suivre à Hampsteadt, tu ne ferais pas mieux de me conduire à Bedlam?

— Dame! fit naïvement Shoking.

— Eh bien! un peu de patience, mon cher,

et tu verras que tout ce que je t'ai dit est la pure vérité.

Shoking tomba en une rêverie profonde.

La scène récente du cimetière avait quelque peu troublé son cerveau, et les paroles de l'homme gris achevaient de le confondre.

Mais ce qui l'étonnait peut-être plus encore, c'est que ces paroles, si étranges qu'elles fussent, n'avaient point paru impressionner l'Irlandaise qui, même, avait eu deux ou trois fois un pâle sourire.

Le cab roula quelque temps encore, puis il s'arrêta.

Alors Shoking mit la tête à la portière et reconnut la montée des bruyères et la maison de mistress Fanoche.

— Mais vous voyez bien que c'est chez mistress Fanoche que nous allons, dit-il.

— Tu crois?

— Pardine, nous voici dans Heath mount.

— C'est vrai.

— Et voilà la maison.

— Descends toujours, tu verras...

En même temps, l'homme gris donna la main à l'Irlandaise qui sortit du cab, et son fils la suivit.

Shoking les avait imités.

Il demeurait planté sur ses pieds, se demandant pourquoi l'homme gris, qui s'était toujours montré bienveillant et affectueux, se moquait ainsi de lui.

Cependant l'homme gris, au lieu de se diriger vers la grille de mistress Fanoche, s'était arrêté à la grille à côté, ce que Shoking vit parfaitement, car le brouillard était moins épais à Hampsteadt qui est sur la hauteur, et un bec de gaz se trouvait entre les deux habitations.

Une chose qui eût encore étonné Shoking, si Shoking eût pu s'étonner de quelque chose d'ordinaire, après qu'on venait de lui certifier qu'il était mort, c'est que l'homme gris avait congédié le cab après avoir payé le cocher.

On allait donc rester à Hampsteadt.

Quand l'homme gris eut sonné, Shoking vit une fenêtre de la maison qui se trouvait au fond du jardin et qui paraissait déserte, s'éclairer subitement.

Peu après le sable du jardin cria sous des pas d'homme et bientôt la grille s'ouvrit.

Alors Shoking délia sa langue :

— Mais où allons-nous ? dit-il.

— Visiter ta maison de campagne.

— Encore !

— Mais dame ! fit l'homme gris, ai-je donc l'habitude de te mentir ?

Shoking, ahuri, regarda celui qui venait d'ouvrir la grille.

C'était un vieux domestique en livrée et d'une tenue irréprochable.

Il avait une lanterne à la main et s'inclina sans mot dire devant les nouveaux venus.

L'homme gris poussa Shoking devant lui, et, donnant toujours le bras à l'Irlandaise qui tenait son fils par la main, ils entrèrent tous les quatre dans le jardin.

Puis le valet ayant refermé la grille, les précéda dans l'allée sablée qui conduisait à la maison.

Shoking marchait toujours en chancelant.

— Je crois bien, murmurait-il, que je fais un rêve.

Ils pénétrèrent dans un large vestibule dallé en marbre et garni de statues et de corbeilles de fleurs.

Le valet ouvrit une porte à gauche, et Shoking, de plus en plus ébloui, se vit au seuil d'un parloir confortable et luxueux.

Un grand feu de houille brûlait dans la cheminée et il y avait au milieu de la pièce une table toute servie.

— Dans tous les cas, pensa Shoking, le rêve est assez joli.

Et il aspira ces odeurs succulentes qui se dégageaient de la table.

Alors l'homme gris lui dit :

— Tu dois avoir faim, car nous avons oublié de dîner aujourd'hui.

— Mais puisque je suis mort... dit Shoking.

— C'est Shoking qui est mort...

— Shoking et moi ça ne fait qu'un.

— Tu verras tout à l'heure le contraire. Mais, ajouta l'homme gris, un gentleman aussi délicat que toi ne saurait se mettre à table dans le piteux costume où tu te trouves.

— Où voulez-vous que j'en trouve un autre ?

— Ton valet de chambre va te conduire à ton cabinet de toilette et tu t'habilleras.

— Mon... valet... de chambre ?...

— Sans doute,

— L'homme gris s'approcha de la cheminée et secoua un gland de sonnette.

Alors Shoking abasourdi vit entrer un autre valet, également en livrée qui, s'adressant directement à lui, lui dit :

— Si Votre Honneur daigne me suivre, je conduirai Votre Honneur à son appartement.

Cette fois, Shoking jeta un grand cri et dit à l'homme gris :

— Mais pincez-moi donc le bras, réveillez-moi donc, je ne veux pas dormir plus longtemps !

II

— Mais va donc, imbécile ! répéta l'homme gris en poussant Shoking par les épaules.

Cette fois Shoking comprit qu'il ne dormait pas, car la poussée vigoureuse qu'il venait de recevoir l'eût certainement réveillé.

Il se résigna donc et suivit le second valet.

Celui-ci lui fit traverser de nouveau le vestibule et, un flambeau à la main, il gravit devant lui un escalier à marches de marbre.

Shoking était devenu docile, et, en montant, il fit cette réflexion qu'un homme qui se moquait de la police et ouvrait les portes des prisons, comme l'homme gris, était capable de tout.

Le valet, arrivé au premier étage, lui fit traverser une antichambre, puis un grand salon, puis un petit.

Tout cela était confortable et d'un luxe divin.

Après le petit salon, Shoking trouva une chambre à coucher ; et, après la chambre, un vaste cabinet de toilette.

Une large tablette de marbre jaune supportait une garniture en vermeil, des brosses en ivoire, des peignes d'écaille, tout le confort, tout le luxe d'un vieux garçon qui ne veut pas vieillir.

Il y avait sur les dressoirs des pots de colcream, des cosmétiques, des rasoirs, et dans un coin une baignoire pleine d'une eau tiède et parfumée.

Shoking recommença à croire qu'il était le jouet d'un rêve, mais le rêve devenait de plus en plus agréable.

Le valet était sérieux et digne.

— Votre Honneur, dit-il, fera bien de prendre un bain.

Et il se mit à le déshabiller.

En un tour de main, Shoking fut débarrassé de ses guenilles, chaussé de pantoufles de liége, enveloppé dans un peignoir de toile fine, et il n'avait pas eu le temps de crier *ouf* qu'il était dans le bain.

— Pendant ce temps-là, dit alors le valet, je vais peigner et coiffer Votre Honneur.

Et il se mit à la besogne.

Shoking le laissa faire et il éprouva des voluptés infinies à sentir ses membres se dilater sous la douce chaleur du bain, tandis qu'un peigne courait dans ses cheveux blonds et déjà grisonnants.

Un quart d'heure après, Shoking sortait du bain. Ses loques avaient disparu.

Mais il y avait sur une chaise de beaux habits tout neufs, une chemise de batiste, une cravate blanche, un gilet à boutons de métal, et le valet, impassible, se mit à l'habiller aussi gravement que s'il n'eût jamais fait autre chose.

Puis, la toilette terminée, il le conduisit devant une grande glace à pivot mobile.

Et Shoking recula ébloui.

Il avait l'air d'un pair d'Angleterre, il était frisé, parfumé, tiré à quatre épingles, et sa longue figure famélique avait même un air de singulière distinction.

Le valet reprit le flambeau et dit :

— Maintenant, Votre Honneur veut-il descendre à la salle à manger ?

Mais Shoking fut pris d'une résolution subite, et regardant le valet face à face :

— Ah ! ça, drôle, dit-il, m'expliqueras-tu..

— Que désire savoir Votre Honneur ?

— D'abord, qui tu es ?

— Je me nomme John, et je suis le valet de chambre de Votre Honneur.

— Bon ! et où suis-je ?

— Mais Votre Honneur est chez lui.

— Allons donc !

— Aussi vrai que je me nomme John et que Votre Seigneurie...

— Voici que tu m'appelles Seigneurie, maintenant ?

— Sans doute. C'est le titre qui appartient à lord Vilmot.

— Hein ! qu'est-ce que cela ?

— C'est le nom de Votre Seigneurie.

— Imbécile ! dit Shoking, ne sais-tu donc pas qui je suis ?

— Lord Vilmot, répéta le valet.

— Mais non ; je m'appelle Shoking.

— Shoking est mort ! dit une voix sur le seuil.

Shoking se tourna et aperçut l'homme gris.

Lui aussi, avait fait un bout de toilette et

remplacé ses guenilles par des vêtements de gentleman.

Il était même aussi correctement vêtu que le jour où, sous le nom de lord Cornhill, il s'était présenté dans Kilburn square pour visiter la maison de M. Thomas Elgin.

Shoking demeura bouche béante devant l'homme gris, qu'il n'avait jamais vu ainsi vêtu.

— Viens souper, lui dit celui-ci, et je t'expliquerai comment lord Vilmot est entré dans la peau de Shoking.

Le pauvre diable fit un pas vers la porte ; mais le valet de chambre le retint par un geste respectueux :

— Je crois, dit-il, que Votre Seigneurie oublie de prendre de l'argent.

Ce mot produisit sur Shoking l'effet d'une douche d'eau glacée qui lui serait tombée sur la tête.

— De... l'argent !... balbutia-t-il.

— De l'argent, répéta le valet.

— Et où veux-tu que j'en prenne ?

— Dans ton secrétaire, parbleu ! dit l'homme gris, qui riait toujours.

Et il montrait dans un coin du cabinet de toilette un joli meuble de boule.

La clé était dans la serrure.

Shoking se décida à porter une main tremblante sur cette clé qui tourna.

Le meuble s'ouvrit.

— Bon ! fit l'homme gris. Ouvre ce tiroir, à présent,

Shoking obéit encore.

Et soudain il fit un pas en arrière

Le tiroir était plein d'or.

— Oh ! fit-il, c'est à devenir fou !

— Soit, dit l'homme gris, mais, en attendant, mets quelques guinées dans ta poche.

Et Shoking plongea une main fiévreuse dans le tiroir.

Cependant comme l'or brûle les mains de ceux qui n'ont pas l'habitude d'y toucher, le pauvre diable se montra discret ; il prit cinq ou six guinées seulement et les glissa dans sa poche avec hésitation.

L'homme gris souriait toujours.

Il prit Shoking par le bras et l'entraîna.

Quand ils furent hors du cabinet de toilette, il lui dit :

— .s-tu faim ?

— Je ne sais pas, répondit Shoking.

— Et soif ?

— Pas d'avantage.

Shoking ne savait même plus s'il était mort ou vivant : comment aurait-il pu savoir s'il avait soif ou faim ?

Ils arrivèrent dans le parloir où la table était dressée.

Mais l'Irlandaise et son fils ne s'y trouvaient plus.

— Où sont-ils donc ? demanda naïvement Shoking.

— Couchés, répondit l'homme gris.

— Ici ?

— Parbleu !

Alors le mendiant eut un accès de raison :

— Maître, dit-il, depuis que je me suis attaché à vous, je vous ai loyalement servi.

— C'est vrai, dit l'homme gris.

— Ai-je donc mérité que vous vous moquiez ainsi de moi ?

— Mais je ne me moque pas, dit l'homme gris en se mettant à table.

— Vrai ?

Et Shoking se mit à table à son tour en disant :

— Je crois que j'ai faim.

— Et je parie que tu as soif.

Sur ce mot, l'homme gris lui versa à boire.

— Un nectar ! dit Shoking qui vida son verre d'un trait.

Puis il avisa sur un coin de la table une écritoire, du papier et une plume.

— Pourquoi donc cela ? dit-il.

— Pour faire ton testament...

A ces mots, Shoking jeta un grand cri et laissa tomber sa fourchette :

— Ah ! mon Dieu ! fit-il, je commence à comprendre pourquoi vous me disiez que Shoking était mort... Le vin que je viens de boire était sûrement empoisonné !

III

Que se passa-t-il entre Shoking et l'homme gris, à partir de ce moment ?

Qui mistress Fanoche, qui se présenta le lendemain matin, trouva-t-elle dans la maison voisine de la sienne ?

Voilà ce qu'il nous est impossible de dire pour

le moment, et nous allons nous transporter dans Piccadilly, à Saint-James hôtel, où étaient descendus, la veille au soir, le major sir John Waterley et sa jeune femme, arrivés par le dernier train.

Miss Emily Homboury, devenue madame Waterley, avait dû, pour obéir à la loi anglaise qui régit les grandes familles, renoncer à sa part de l'héritage paternel.

Il est vrai que son père avait mis quinze ou vingt mille livres en bank-notes dans sa corbeille de mariage, mais c'est une mince fortune pour un ménage anglais du grand monde.

Les nouveaux époux avaient donc pris, en arrivant à l'hôtel Saint-James, un appartement des plus simples.

Il était à peine huit heures du matin et quelque chose qui ressemblait aux premières clartés du jour commençait à filtrer au travers du brouillard.

Sir John Waterley était cependant déjà levé et assis au chevet du lit de sa femme.

Tous deux causaient.

— Oh! mon enfant, mon cher enfant! disait madame Waterley; vous êtes bien sûr, John, que nous allons le retrouver?

— Oui, mon amie, répondit le major avec émotion.

— Vous ne vous figurez pas, mon cher trésor, reprenait la jeune femme, quels funestes pressentiments m'assaillent nuit et jour.

— Pourquoi ces pressentiments, mon amie?

— Il y a onze ans que nous n'avons eu des nouvelles de notre enfant.

— Je vous assure qu'il est vivant.

— Et moi, dit miss Emily, qui cacha sa tête dans ses mains, je n'ose croire à vos paroles.

— Vous êtes folle, ma chère. Je vous jure que nous le trouverons grand et robuste.

— Avez-vous donc si grande confiance en cette femme qui s'en est chargée ?

Sir John tressaillit.

— Mais... sans doute... dit-il.

— Pauvre enfant, dit miss Emily, quel sera son avenir?

Il ne sera pas riche...

— Il sera soldat comme moi, dit le major.

— Ah! dit encore la jeune femme, pourquoi ne sommes-nous pas soumis à des lois plus justes? Mon père avait des millions, et mon fils sera pauvre...

Sir John baissa la tête et une larme silencieuse brilla dans ses yeux.

— Mon ange aimé, dit-il à sa jeune femme, j'ai fait demander un cab, et je vais courir à Dudley-street. C'est là que demeurait cette femme quand je suis parti, c'est là, je suis sûr, que je retrouverai notre fils.

— Mais, mon ami, dit miss Emily, pourquoi ne voulez-vous point que je vous accompagne ? pourquoi voulez-vous retarder ma joie, si toutefois c'est une joie qui nous attend ?

Et madame Waterley soupira et leva les yeux au ciel.

— Mon amie, répondit le major, je ne veux pas que vous m'accompagniez d'abord, parce que le voyage vous a brisée.

— Oh je suis forte !

— Ensuite, parce que la joie fait mal aussi bien que la douleur, et que je redoute pour vous les grandes émotions.

Restez, je vous en prie, je serai de retour avant une heure.

Et le major était sorti sur ces mots, s'était jeté dans un cab et avait dit au cocher de le conduire à Dudley-street.

La distance de Piccadilly au quartier irlandais

est courte, et le major l'eût franchie en quelques minutes.

Le cœur lui battait quand sa main se posa sur le bouton de la porte.

Pourtant le major était un homme énergique; il avait fait dix campagnes dans l'Inde comme l'attestait son visage bronzé, et il avait assisté à de rudes batailles.

Mais, en ce moment, une émotion si violente l'agitait qu'il hésita à entrer.

Comme si quelqu'un, à l'intérieur de la maison, eût deviné son angoisse, la porte s'ouvrit avant que la sonnette eût tinté.

En même temps une femme parut sur le seuil et regarda curieusement le major.

Ce n'était pas la vieille dame aux bésicles; c'était Mary l'Écossaise, que mistress Fanoche avait envoyée à Londres, à l'issue de son entrevue avez le mystérieux personnage de la maison voisine.

Mary regarda donc le major et lui dit :

— Que demande Votre Honneur?

— Mistress Fanoche, dit-il.

— C'est ici, et vous êtes sans doute le major Waterley?

— Oui.

— Madame est à son cottage d'Hampsteadt, et elle m'a envoyée ici pour attendre Votre Honneur.

Sir John tremblait.

— Elle est à Hampstead avec le fils de Votre Honneur, ajouta Mary.

Le major jeta un cri et s'appuya au mur du vestibule, tant son émotion fut forte.

— Le fils de Votre honneur est un grand et bel enfant, dit encore Mary.

Le major n'en entendit pas davantage : il poussa la servante dans le cab, s'assit à côté d'elle et cria au cocher :

— A Hampsteadt !

— Heath mount, ajouta Mary l'Écossaise.

Le cocher avait un bon cheval dont le major accéléra encore la rapidité en promettant au cocher un bon pourboire, et en moins de trois quarts d'heure, le major arrivait au cottage.

Mistress Fanoche l'attendait dans son parloir.

Elle avait fait une toilette minutieuse, mis toutes ses bagues et tous ses bracelets.

— Mon fils ! où est mon fils ? dit le major en entrant.

Mistress Fanoche était souriante.

— Je comprends l'impatience de Votre Honneur, dit-elle. Néanmoins, je le supplie de m'écouter un moment. Le fils de Votre Honneur est bien portant, il est a deux pas d'ici, et je conduirai Votre Honneur dans cinq minutes, aussitôt que je lui aurai dit...

Le major s'assit et maîtrisa son impatience.

Mistress Fanoche reprit :

— J'ai fait élever l'enfant en Irlande par une robuste paysanne qu'il appelle sa mère.

Quand j'ai reçu la première lettre de Votre Honneur, je me suis empressée de les faire revenir tous deux.

— Mais pourquoi ne sont-ils pas ici ? demanda le major.

— Que Votre Honneur daigne se mettre à la fenêtre.

— Bien, après ?

— Voyez-vous le mur du jardin ?

— Oui.

— Derrière, il y a l'habitation d'un vieux lord Irlandais, fabuleusement riche et qui a pris votre enfant en amitié.

— Ah ! fit le major.

— Lord Vilmot n'a ni enfants, ni parents, et il voudrait adopter votre fils.

Le major tressaillit.

— Je tenais à vous dire cela, fit mistress Fanoche, afin que vous ne fussiez point trop étonné. Maintenant, si Votre Honneur veut me suivre...

— Vous allez me montrer mon fils ?

— Oui.

Et mistress Fanoche jeta un châle sur ses épaules, ouvrit la porte du parloir et sir John Waterley la suivit.

Deux minutes après, elle entrait dans le jardin de cette villa où, la nuit précédente, Shoking avait cru faire un rêve des Mille et une Nuits.

Ralph était dans le jardin.

— Le voilà, dit mistress Fanoche.

L'enfant leva un œil étonné sur le major.

Le major, pâle d'émotion, s'élança vers l'enfant et le prit dans ses bras.

En ce moment, un domestique en livrée sortit de la maison, s'approcha du major et lui dit :

— Lord Vilmot, mon maître, serait heureux de recevoir Votre Honneur.

Il souffre d'un accès de goutte et ne peut quitter sa chambre.

Le major serrait toujours dans ses bras celui qu'il croyait être son fils !

IV

Les rôles avaient été merveilleusement distribués sans doute et répétés avec soin en présence de ce metteur en scène prodigieux qui s'appelait l'homme gris, car il n'y eut personne dans la maison où pénétrait le major Waterley qui ne s'acquittât correctement du sien.

Ralph, que le major embrassait toujours, lui disait naïvement :

— C'est donc vous qui êtes mon père ?

Au seuil du vestibule, le major vit une femme qui fondait en larmes.

C'était l'Irlandaise.

L'Irlandaise joignit les mains en regardant le major et lui dit :

— Ah! monsieur, ne me séparez pas de ce cher enfant... je lui ai donné mon lait... et je l'aime comme s'il était sorti de mes entrailles. Ne m'en séparez pas... je vous servirai pour rien...

— Je vous le promets, dit le major ému.

Et il continua son chemin sur les pas du vieux

domestique qui lui avait dit que son maître, lord Vilmot, l'attendait avec impatience.

Lord Vilmot était dans ce même parloir où, la veille au soir, Shoking et l'homme gris avaient soupé tête à tête.

Le major aperçut un vieillard emmitouflé dans une vaste robe de chambre, couché sur une chaise longue et la tête enveloppée de foulards.

Auprès de lui se tenait un homme vêtu de noir qui pouvait avoir trente-sept ou trente-huit ans.

— Le docteur Gordon, mon médecin, dit lord Vilmot, en présentant cet homme à sir John Waterley.

Le docteur et le major se saluèrent.

Le domestique sortit et ferma la porte.

Ralph vint s'asseoir sur le bord de la chaise longue et prit l'une des mains de lord Vilmot en lui disant d'une voix caressante :

— Comment vas-tu aujourd'hui, mon grand ami ?

— Monsieur, dit lord Vilmot au major, je n'ai aucun secret pour le docteur Gordon que voilà, et vous permettrez, n'est-ce pas, que nous causions devant lui

Sir John ne devinait guère ce que lord Vilmot, qu'il voyait pour la première fois, pouvait avoir à lui dire, mais il était si heureux d'avoir auprès de lui cet enfant qu'il croyait son fils, qu'il était prêt à tout écouter.

Il prit le siége que lui avança le docteur.

— Monsieur, dit alors lord Vilmot, ce jeune enfant que vous voyez là fait ma joie, et je lui dois les meilleurs jours de ma vieillesse prématurée et souffrante.

Il me vient voir chaque jour, et sa vue me rappelle un fils que j'ai perdu et qui était tout ce que j'aimais en ce monde. Est-ce une illusion? peut-être? Mais cet enfant me paraît la vivante image de mon fils mort.

— Avait-il cet âge-là quand vous l'avez perdu ?

— Oui, monsieur, dit lord Vilmot, de plus en plus ému.

Sir John ne savait encore où le malade en voulait venir.

— Monsieur, poursuivit lord Vilmot, je suis attaqué d'une maladie qui, au dire du docteur, ne pardonne pas. Je puis mourir demain, et je veux assurer l'avenir de votre fils.

— Milord... balbutia le major.

Lord Vilmot fit un signe au docteur, qui prit un portefeuille sur un meuble et le lui tendit.

Lord Vilmot continua :

— Je n'ai pas de proches parents, et je veux faire de votre fils mon héritier. J'ai rédigé mon testament en ce sens, et vous n'aurez que votre signature à apposer au bas de cet acte qui porte déjà la mienne, pour que l'adoption soit en règle. Cependant je mets à cette adoption une condition...

— Parlez, monsieur, dit le major.

— Votre fils, grâce à la fortune et au titre que je lui laisserai, pourra un jour faire une grande figure dans le monde.

Le major tressaillit d'orgueil.

— Il faut donc qu'il soit élevé convenablement, et je désire qu'il soit admis à *Christ'shospital*.

Il vous est facile d'obtenir son admission, à vous, officier de l'armée de terre, car c'est de préférence aux enfants de militaire qu'on accorde cette faveur.

— En effet, dit le major.

— J'ajouterai même, poursuivit lord Vilmot, que je désire que vous fassiez sur-le-champ les démarches nécessaires.

— Je les ferai, dit sir John Waterley.

— Je puis mourir, répéta lord Vilmot, et je ne vous cacherai pas mon impatience de voir l'enfant revêtu de la soutane bleue et des bas jaunes.

-A première vue, j'ai l'air d'un excentrique, n'est-ce pas? Mais si je vous dis que le fils que je pleure était élève de Christ' hospital, vous me comprendrez.

— Oui, milord.

Lord Vilmot prit alors l'acte d'adoption, le déplia et le mit sous les yeux du major.

Cet acte contenait l'énumération de la fortune de lord Vilmot.

Cette fortune se composait d'un titre de rente de trente mille livres sterling et des titres de propriétés foncières situées en Irlande.

Le major vit son fils riche; il se vit lui-même gérant au premier jour de cette immense fortune, et il prit la plume que lui tendait lord Vilmot et signa.

Le docteur Gordon, ce médecin qui n'avait pas dit un mot durant cette scène, ne fut peut-être pas étranger à la résolution subite du major.

Cet homme avait laissé peser sur lui un de ces regards chargés de mystérieuses effluves magnétiques qui violentaient la volonté d'autrui.

C'était lui qui avait présenté la plume au major.

Et le major avait pris cette plume.

Lui encore qui, du doigt, avait indiqué, au bas de l'acte d'adoption, la place où le major devait écrire son nom.

Et le major avait senti que sa main était poussée par une force inconnue.

Il avait signé.

Dès lors, il était engagé d'honneur à remplir la condition imposée par le donataire, c'est-à-dire de faire admettre celui qu'il croyait son fils au fameux collége de Christ'shospital.

Et, quand ce fut fait, il regarda lord Vilmot et lui dit :

— Milord, à cette heure, une pauvre femme, une pauvre mère, qui ne sait encore si son fils est mort ou vivant, attend mon retour avec anxiété.

Voulez-vous me permettre de courir à Londres et de ramener mistress Waterley?

— Oui, certes, dit lord Vilmot.

. . . .

Et quand le major fut parti, le docteur Gordon, qui n'était autre que l'homme gris, et feu Shoking, devenu lord Vilmot, se regardèrent en souriant.

— Je suis content de toi, dit le premier.

— Maître, répondit Shoking, tout ce que nous

avons fait là est fort bien, mais une chose m'embarrasse.

— Laquelle?

— Voilà l'enfant devenu le fils de sir John Waterley.

Jusqu'au jour où je démontrerai clair comme le jour au major que Ralph est le fils de sir Edmund Palmure. Mais ce jour est loin encore, et l'enfant une fois entré à Christ'hospital, nous serons tranquilles, et nous attendrons qu'il soit devenu homme pour lui révéler la mission qui lui est réservée.

— Soit; mais la fortune... qui la gardera?

— Lui, parbleu!

— Cette fortune existe donc?

— Sans doute.

— Les titres de rente ne sont pas imaginaires?

— Non.

— Et les terres d'Irlande?...

— Tout cela fait partie du patrimoine consacré à la cause que nous servons.

— Mais enfin, dit Shoking qui avait une dernière objection à faire, Jenny va se trouver ainsi séparée de son fils?

— Non.

— Comment cela?

— Je me suis occupé de la faire entrer comme lingère dans le collége où sera l'enfant.

— Est-ce possible ?

— Elle et Suzannah.

— La sœur de John Colden ?

— Oui.

— Pauvre John ! dit Shoking, il payera pour tous, celui-là.

— Que veux-tu dire ?

— Il sera condamné à mort pour avoir tué M. Whip.

— Oui.

— Et il sera pendu.

— Non, dit l'homme gris.

— Oh !

— Ne t'ai-je pas dit que je le sauverai ?

— Oh ! fit Shoking, est-ce possible ?

— Tout est possible à celui qui veut, répondit l'homme gris.

Et son accent était si convaincu que Shoking espéra revoir John Colden.

Il avait foi dans le maître mystérieux qui arrachait les enfants au moulin sans eau.

V

Il est temps de revenir à un personnage de ce récit que nous avons momentanément perdu de vue.

Nous voulons parler de John Colden.

John Colden, l'Irlandais, le vagabond que l'homme gris s'était attaché d'un signe, un matin, dans Dudley-street.

John Colden, qui avait aidé à sauver l'enfant du moulin et qui avait été victime de son dévouement.

John était toujours à Bath square.

Sa blessure était moins grave qu'on ne l'avait pensé tout d'abord.

Il avait perdu beaucoup de sang et, le premier jour, le docteur brusque et philanthrope qui faisait partie d'une société éminemment humanitaire, mais qui eût envoyé de bon cœur un voleur à l'échafaud, le docteur, disons-nous, avait froncé le sourcil et murmuré :

— J'ai bien peur que le brigand ne meure dans

son lit, et ce serait dommage, en vérité, car la cravate de chanvre lui irait à merveille.

Le lendemain, le joyeux visage du bon docteur s'était rasséréné.

John Colden allait beaucoup mieux.

Le troisième jour, il lui avait dit avec une bonhomie charmante :

— Hé ! hé ! mon garçon, tu as plus de chance que tu ne mérites !

Et comme l'Irlandais levait sur lui son œil noir et mélancolique :

— Tu guériras, mon garçon, tu guériras, lui dit-il.

John Colden eut un haussement d'épaules.

— Que m'importe ! dit-il.

— D'ici à huit jours, poursuivit le joyeux docteur, tu te porteras comme un charme.

Et comme cette nouvelle n'amenait pas le moindre sourire sur les lèvres de John Colden, l'excellent homme crut devoir ajouter :

— C'est après-demain la Christmas. Tu pourrais bien l'aller passer à Newgate.

John Colden ne sourcilla pas.

— As-tu des parents ? poursuivit le docteur.

— J'ai une sœur.

— Est-elle riche ?

— Non.

— Veux-tu lui laisser un petit héritage?

John Colden le regarda.

— Cela dépend de toi, poursuivit le docteur, tout à fait de toi. Mais je ne veux pas t'en dire plus long pour aujourd'hui; demain, nous en recauserons...

Et le docteur était parti.

Le lendemain, un homme que John Colden ne s'attendait plus à revoir, entra vers sept heures du matin dans sa cellule.

Pendant les trois premières nuits, l'état de l'Irlandais avait été assez alarmant pour que l'on crût devoir le veiller.

Mais, le troisième jour, le docteur avait jugé cette précaution inutile.

Il avait fait le pansement, comme à l'ordinaire, mais il s'en était allé.

John Colden avait passé la nuit tout seul.

Or donc, le lendemain, la première personne qui entra dans sa cellule fut un personnage que John Colden ne s'attendait plus à revoir.

C'était M. Bardel.

M. Bardel, le gardien-chef que Jonathan avait accusé de complicité dans l'évasion du petit Irlandais.

L'œil de John Colden s'éclaira.

M. Bardel était seul.

Néanmoins, il posa un doigt sur ses lèvres, comme pour recommander le silence à John Colden.

Puis il ferma la porte de la cellule et s'assit auprès du lit du blessé.

— Tu ne m'attendais pas, dit-il?
— Non, dit John Colden.
— Tu me croyais en prison?
— Oui.
— C'est Jonathan qui y est allé à ma place.
— Alors on a cru ce que j'avais dit?
— Oui ; l'homme gris a fait le reste.
— Vous êtes toujours gardien-chef?
— Plus que jamais. C'est en cette qualité que je viens te voir. Comment vas-tu?
— Mieux.
— Crois-tu que tu pourras te lever?
— Pourquoi me demandez-vous cela?
— Mais parce que tu vas quitter Bath square.
— Ah!
— Il est question de te transporter à Newgate.
— Aujourd'hui?
— Ce soir.
— Serais-je bientôt jugé ?

— Aux assises du lendemain de la Christmas.

— C'est-à dire après demain?

— Justement.

John Colden ne sourcilla pas.

— Je m'y attends, dit-il. Seulement, pensez-vous que je pourrai voir Suzannah?

— Ta sœur?

— Oui.

— Non, dit M. Bardel. Ta sœur, gardée à vue par la police, s'est évadée, grâce à l'homme gris.

— Je sais cela.

— Si elle demandait à te voir, on la reprendrait.

— C'est juste, dit tristement John Colden.

Puis une larme roula dans ses yeux.

— J'aurais pourtant voulu la revoir avant de mourir, dit-il.

Un sourire vint aux lèvres de M. Bardel.

— Bah! fit-il, tu n'es pas encore mort.

— Les juges me condamneront...

— Cela est certain.

— La reine ne me fera pas grâce...

— Assurément non.

— Alors vous voyez bien?...

— Mais l'homme gris te sauvera.

Ce nom fit tressaillir John Colden.

— Comment te sauvera-t-il? poursuivit M. Bardel, je ne sais pas...

— C'est impossible, dit John.

— Rien ne lui est impossible, répliqua M. Bardel avec l'accent de la conviction.

— Dieu vous entende, dit John, mais peu m'importe, du reste! du moment où je meurs pour notre mère l'Irlande, la mort ne m'épouvante pas.

Et tenez, ajouta John Colden après un silence, puisque nous parlons de cela, laissez-moi vous demander une explication. Le docteur m'a demandé, hier, si j'avais des parents.

— Ah! fit M. Bardel.

— Et il m'a dit qu'il ne tenait qu'à moi de leur laisser un petit héritage.

— Vieille canaille! grommela M. Bardel.

— Qu'a-t-il donc voulu dire? demanda naïvement John Colden.

— Écoute, répondit M. Bardel. Tu sais qu'en Angleterre l'arrêt de mort est toujours suivi de cette formule : *Et pour son corps être livré aux chirurgiens.*

— Ah! oui, dit John Colden, je sais cela.

— L'autopsie est infamante dans ce pays. Les ouvriers qui meurent dans les hospices font tous partie d'une société qui rachète leurs corps. Les médecins ne savent où trouver des cadavres, depuis qu'on a pendu le résurrectionniste Burker, et le docteur de Baths quare voudrait t'acheter ton corps. Il est riche, il le payera bien.

— Mais, dit John Colden, pourquoi l'achèterait-il, puisqu'il peut l'avoir pour rien?

— Tu te trompes. Si, par impossible, tu étais pendu...

— Eh bien !

— Ce n'est pas lui qui l'aurait. Ce serait le chirurgien de Newgate.

— Ah !

— Mais si tu le lui vends, et s'il est prouvé qu'il t'a payé, le corps lui appartiendra.

— Eh bien ! dit John Colden, je le lui vendrai et j'en ferai porter le prix à Suzannah.

— Mais si on te sauve ?...

— Oh !

— Je te jure, dit M. Bardel, que l'homme gris te sauvera.

Et le gardien chef s'en alla.

Une heure après, le docteur vint.

— Eh bien ! dit-il, es-tu toujours décidé à laisser quelque chose à tes parents

— Non, dit John, je ne veux pas vendre mon corps.

— Pourquoi ?

— Parce que pas plus vous que le chirurgien de Newgate ne l'aurez.

— Allons donc !

— Je ne serai pas pendu, dit John.

Le docteur partit d'un éclat de rire.

— C'est ce que nous verrons, mon garçon, dit-il. En attendant, c'est la dernière visite que je te fais.

— Vraiment ?

— Tu vas aller passer la Christmas à Newgate.

Le docteur voulut encore insister. Il tira sa bourse, il fit luire des guinées aux yeux de John.

Le pauvre Irlandais répondit :

— Je ne veux pas vendre mon corps, car il faudrait me laisser pendre, et je ne veux pas être pendu !...

— Il y en a bien d'autres qui ont parlé comme toi, dit le docteur, et on les a pendus tout de même.

Et le docteur sortit furieux de ne pouvoir jouer un bon tour à son collègue de Newgate, tant il règne de confraternité parmi les médecins... anglais !

VI

Lorsque, parvenu au bout du Strand, vous êtes entré dans *Fleet street*, lorsque vous avez coupé perpendiculairement cette immense voie, qu'on appelle *Farringdon street* sur la rive gauche et *Farringdon road* sur la rive droite, quand vous venez de passer sous cette porte monumentale qui sépare la cité de Londres de l'agglomération, une rue s'ouvre tout à coup sur votre gauche.

C'est Old Bailey.

Elle n'est ni large ni étroite, et, à première vue, elle n'a rien d'effrayant.

Les maisons sont noires, comme presque toutes celles de la Cité; la plupart sont occupées par des bureaux. Animées pendant le jour, elles reprennent à la nuit ce morne et silencieux aspect qu'a la Cité tout entière, que les commerçants désertent le soir pour aller habiter les environs.

Un ou deux public-houses sur la gauche, un étal de boucher un peu plus haut; un peu plus haut encore les murs blancs et le clocher d'une église.

C'est là tout ce que vous apercevez en entrant.

Mais avancez, avancez encore.

Old Bailey n'est plus une rue, c'est une place triangulaire, place étroite, allongée, sinistre, et dont le côté oriental est formé par un triste et silencieux édifice.

C'est Newgate.

Newgate, c'est la Roquette de Londres.

A Paris, on éloigne les prisons du centre de la ville, des beaux quartiers.

Sainte-Pélagie est perdue dans le faubourg Saint-Marcel, Mazas dans le faubourg Saint-Antoine, la Roquette se cache en haut de la rue de Charonne.

Londres a placé Newgate au centre même de la Cité, à deux pas de Saint-Paul, de la Poste, de la Banque et de la Bourse.

Newgate a trois portes sur Old Bailey.

Celle du milieu est affectée aux bureaux du gouverneur et à son logement particulier.

C'est par celle de droite que le prisonnier entre dans le sinistre édifice.

C'est devant celle de gauche que l'échafaud se

dresse et par elle que le condamné sort pour aller mourir.

Toutes trois sont exhaussées sur trois marches voûtées et garnies de lances de fer, pourvues de guichets grillagés.

Il n'y a ni poste, ni soldats, ni sentinelles à l'extérieur.

On passe devant Newgate comme devant une maison ordinaire.

La prison fait angle avec une autre rue qui porte son nom, Newgate street.

C'est dans Newgate qu'est le collége Christ's hospital.

C'est en haut d'Old Bailey qu'est l'hôpital de Saint-Barthélemy, dont l'amphithéâtre reçoit les corps des suppliciés.

Le jour où la potence se dresse, une heure avant que le condamné monte sur l'échafaud, deux cloches se font entendre et tintent un long glas funèbre. L'une est celle de Saint-Barthélemy, l'autre, celle de Christ's hospital.

Elles ne se taisent que lorsque les chirurgiens ont emporté le corps du supplicié.

Comme en France, l'exécution est publique, seulement la potence remplace la guillotine.

Mais l'heure est la même. A cinq heures en été, à sept en hiver.

Dès la veille, le bruit de la lugubre cérémonie circule dans le quartier.

Les négociants qui ont leurs bureaux dans Old Bailey disent alors à leurs employés et à leurs commis :

— Vous pourrez venir une heure plus tard, demain.

Le monde des affaires est matinal à Paris.

A Londres, il l'est moins.

Avant neuf heures, il n'y a pas un comptoir ouvert.

Donc, à dix heures, c'est-à-dire trois heures après, le négociant d'Old Bailey qui arrive par l'omnibus, le penny-boat ou le chemin de fer, ne trouve plus trace du drame épouvantable qu'il aurait pu voir de sa fenêtre.

A cinq heures et demie, bien avant le jour, une escouade de policemen est arrivée dans Old Bailey, escortant une charrette traînée par des hommes, et chargée des bois de justice.

Les policemen ont tendu des deux côtés de la rue une grosse chaîne.

C'est la barrière que le peuple ne doit pas franchir. A six heures, à la lueur des torches, on a dressé l'échafaud et les deux cloches ont commencé à tinter. Alors le peuple est accouru.

Fleuve humain, torrent de guenilles, il est monté des bords de la Tamise, descendu des hauteurs de Hampsteadt, venu des bouges du Wapping, demeurés ouverts toute la nuit, et des rues sinistres de White Chapel, où chaque maison a connaissance d'un supplicié.

Il est accouru de toutes parts, emplissant Farringdon street, et Newgate street, et les abords de Saint-Barthélemy, se perchant sur les toits, s'accroupissant sur les grilles des squares, grimpant sur les arbres.

Mais la place est petite, et, s'il y a beaucoup d'appelés, il y a peu d'élus.

Les élus sont ceux qui arrivent les premiers.

Cependant, personne ne se plaint.

On n'entend pas un cri, pas un murmure.

Ces flots de chair humaine sont plus silencieux que les flots de la mer par des temps calmes.

S'ils causent entre eux, c'est à voix basse.

Un sur cent verra l'échafaud, un sur mille apercevra le condamné.

Qu'importe ! Le plus rapproché du lieu du supplice dira à son voisin ce qu'il voit ; celui-ci le répétera à ses voisins, et, à un quart de mille du hideux spectacle, chacun en apprendra les détails.

A sept heures arrivera le condamné.

S'il est brave, il parlera au peuple.

Si les affres de la mort le tiennent, il se contentera d'embrasser le prêtre, laissera le bonnet noir couvrir sa tête et tomber sur ses épaules, puis la trappe s'affaissera, et tout sera dit.

A huit heures, les chirurgiens constateront la mort, et le cadavre sera enlevé.

Alors, le peuple s'en ira comme il est venu, les chaînes seront enlevées, l'échafaud démoli, et, lorsque le négociant et le banquier arriveront de la campagne, ils se mettront tranquillement à la besogne, comme si de rien n'était.

Or, ce jour-là, avant-veille de la Christmas, Old Bailey avait été témoin d'un semblable spectacle. On avait pendu le matin un pauvre diable de Français, condamné pour avoir assassiné la femme qui partageait sa misère.

Ivres de désespoir tous deux, sans vêtements et sans pain, les deux malheureux avaient résolu d'en finir avec la vie.

Le Français avait tué sa maîtresse d'abord, puis il avait tourné le coutelas fumant vers sa propre poitrine, et sa main tremblante n'était point parvenue à l'y enfoncer tout entier.

Il avait survécu, la cour d'assises l'avait déclaré assassin et condamné à être pendu.

C'était le matin même que le malheureux avait payé sa dette à la justice, et bien qu'il fût près de dix heures et qu'il ne restât pas dans Old Bailey la moindre trace de l'exécution, une certaine animation régnait au seuil des magasins, et les commis s'attroupaient et causaient entre eux.

La maison occupée par la maison de banque Harris Johnson et Cie était surtout en rumeur.

Cela tenait à une circonstance particulière.

La maison Harris avait une succursale à Paris, et le Français qu'on venait de pendre avait été employé dans les bureaux de la maison de Londres, il y avait environ un an.

Le chef de la maison, M. Harris, l'avait congédié parce qu'il l'avait vu gris un dimanche.

Or, M. Harris était un brave homme, au demeurant, et en dépit de son puritanisme religieux, il s'était repenti de sa dureté, lorsqu'il avait appris la fin tragique de son ex-employé.

Il avait même fait de nombreuses démarches,

huit jours auparavant, pour obtenir une commutation de peine.

Les commis qui, tous avaient connu le pauvre Olivier, c'était le nom du supplicié, causaient donc entre eux, et celui-là seul qui couchait dans la maison pour garder les bureaux la nuit, avouait s'être mis à la fenêtre et avoir vu l'exécution dans tous ses détails.

— Alors, disait l'un, tu as bien vu ?

— J'ai vu la chose, répondait-il, comme je vous vois.

— A-t-il parlé ?

— Non, il a seulement embrassé le christ que lui présentait le prêtre.

— Un prêtre catholique ?

— Oui. L'abbé Samuel, un Irlandais.

— Est-il mort avec courage ?

— Certainement.

— Voici, le troisième depuis le jour de l'an, dit un autre commis.

— Et il y en a un quatrième qui attend.

— Un condamné ?

— Oui. C'est un nommé Bulton. Il sera pendu lundi prochain.

— Et un cinquième qui va venir, dit un autre commis. Il n'est pas jugé, mais c'est tout comme.

C'est un Irlandais qui a assassiné un gardien de Cold bath field.

— Comment l'appelle-t-on ?

— John Colden.

— Messieurs, dit une voix sévère au seuil des bureaux, à l'ouvrage, s'il vous plaît !...

Les commis rentrèrent précipitamment.

VII

La voix qui venait de se faire entendre était celle de monsieur Morok.

Monsieur Morok était le caissier principal de la maison Harris Johnson et Cie.

C'était un rude et terrible homme que monsieur Morok.

Il avait cinquante-neuf ans d'âge et quarante-cinq ans de maison de banque.

A quatorze ans, il était entré comme expéditionnaire dans les bureaux de la maison Harris, au temps du grand-père du banquier actuel.

Petit, gros, rubicond, les lèvres charnues, les dents jaunes et mal plantées, chauve comme un genou, M. Morok ne savait de la vie ordinaire que ce qui se rapporte directement aux opérations de la banque.

Pour lui, le monde était *un grand livre* immense sur lequel les clients se divisaient en deux catégories, les débiteurs et les créditeurs.

Tout homme qui n'était pas en relations directes ou indirectes avec la maison Harris, n'existait pas.

M. Morok était garçon, il avait horreur des femmes et des enfants, et avait coutume de dire que se mettre en famille était une opération déplorable.

Comme il ne s'était jamais amusé, il avait horreur de ceux qui s'amusent.

Le jour où M. Harris, homme de plaisir, l'avait mis à la tête de la maison, avait été un mauvais jour pour tous les employés. M. Morok voulait qu'on fût exact, qu'on travaillât nuit et jour et qu'on touchât les appointements les plus minimes.

Ce jour-là, M. Morok était arrivé dans Old Bailey de plus méchante humeur que de coutume.

— Je vous demande un peu, mon cher monsieur, disait-il à monsieur Colmans, le teneur de livres qui entra dans sa cage grillée, à l'ouverture des bureaux, je vous demande un peu s'il est raisonnable de nous faire un pareil esclandre dans une rue où s'abritent tant de maisons sérieuses.

Je ne suis pas philanthrope, certes non, et je trouve que la peine de mort est nécessaire ; sans cela on nous pillerait toutes nos caisses. Mais est-ce une raison pour qu'on exécute dans Old Bailey ?

Toute la nuit, la foule qui circulait dans Farringdon, où je demeure, m'a empêché de dormir.

Ce matin, les cloches nous ont cassé la tête.

Voilà qu'il est dix heures, et personne n'est à son poste.

— On ne peut pourtant pas pendre à minuit, observa timidement le teneur de livres.

— Mais on pourrait pendre ailleurs que dans Old Bailey.

— Et où cela, monsieur Morok ?

— Hé ! le sais-je !... Devant White Hall, par exemple, ou dans un quartier quelconque du West End où on n'a rien à faire.

Mais ici, nous sommes des gens sérieux. Outre que cela nous dérange, ces sortes de spectacles sont d'un mauvais exemple pour les jeunes gens.

Voyez-moi tous ces beaux coqs qui sont là plantés devant la porte, au lieu de se mettre à la besogne.

Et sur ces derniers mots, le vertueux M. Morok avait fait entendre cette voix formidable qui était venue troubler la conversation des commis.

Chacun avait regagné sa place dans les bureaux.

Alors M. Morok était rentré dans sa cage et avait procédé à l'ouverture de sa caisse, laquelle avait quatre serrures également compliquées et pourvues chacune d'un mot qu'on changeait tous les huit jours.

Le teneur de livres crut pouvoir continuer la conversation :

— Vous n'avez jamais vu cela, vous M. Morok, dit-il.

— Quoi donc ?

— Une exécution.

— Jamais.

— Cependant il y a longtemps que les bureaux de la maison sont ici.

— Plus de cinquante ans, et il y en a quarante-six que j'y suis.

— Bon ! fit le teneur de livres.

— On pend en moyenne cinq fois par an ; c'est donc, depuis quarante-six ans, environ deux cent trente pendaisons que j'aurais pu voir.

— Et jamais... vous n'avez eu ce courage ?

— Oh ! ce n'est pas cela.... quand on pend un homme, c'est qu'il a mérité d'être pendu, et dès lors tout cela m'est absolument égal.

— Vous n'êtes pas curieux ?

— Ce n'est pas cela encore, si je n'ai jamais voulu voir pendre, c'est que je trouve qu'il est ridicule de pendre dans Old Bailey, et je ne veux pas, dès lors, encourager le lord mayor et ses aldermen dans cette funeste habitude.

— Fort bien, dit le teneur de livres, n'êtes-vous donc jamais entré à Newgate ?

— Si, une fois... il y a huit jours. M. Harris, qui a des idées philanthropiques, à faire hausser les épaules, a voulu que j'allasse voir ce misérable Olivier.

— Et vous y êtes allé ?

— Oui.

— Vous avez dû éprouver une bien grande émotion.

— Moi, pas du tout.

— Cependant nous l'avions tous connu.

— Qu'est-ce que cela fait?

— Ce doit être affreux, l'intérieur de Newgate.

— Je n'y ai fait aucune attention, dit M. Morok.

— Et le cachot des condamnés à mort?...

— Je ne me souviens plus comment c'était.

Et, ayant fini d'ouvrir sa caisse, M. Morok se mit à tailler sa plume.

Le teneur de livres comprit que son supérieur ne parlerait plus, et il retourna se planter debout devant son pupitre.

— Que tous ces gens-là sont bêtes! pensait M. Morok; que peut-il donc y avoir de curieux à voir une prison dans laquelle est un homme qu'on va pendre?

Et comme il faisait cette réflexion, on frappa au grillage de la caisse.

M. Morok s'approcha et ouvrit le guichet supérieur.

Il se trouva alors en présence d'un homme qui portait des habits de voyage et qui lui dit :

— Parlez-vous français, monsieur ?

— Oui, monsieur, répondit M. Morok, avec un accent britannique. Qu'est-ce qu'il y a pour votre service ?

— J'arrive de Paris, dit cet homme, et j'ai une lettre de crédit sur votre maison.

— De quelle maison ?

— De la maison Monteaux et Lunel, boulevard Montmartre.

M. Morok allongea la main.

— Donnez, dit-il.

— Je désirerais en outre, poursuivit le Français, parler à M. Harris en personne.

M. Morok répondit dédaigneusement :

— M. Harris ne vient pas avant midi, et il ne reçoit pas aisément. Voyons votre lettre ?

La lettre de crédit était de deux cents livres.

— Faites-moi un reçu au bas, dit M. Morok qui chercha son livre de chèques.

— Cependant, insista le Français, je vous assure que j'ai besoin de parler à M. Harris.

— Alors, écrivez-lui et demandez une audience : peut-être vous recevra-t-il.

— Mais, c'est qu'il faut que je le voie aujourd'hui même.

— C'est impossible.

Et M. Morok détacha le chèque sur lequel il avait inscrit la somme de deux cents livres et apposa la signature de la maison.

Le Français continua :

— Je suis chirurgien, j'ai une mission de mon gouvernement.

— Vous ? fit dédaigneusement M. Morok.

— Et comme je ne connais personne à Londres, M. Harris, qui est alderman, me sera d'un grand secours.

— Mais, mon cher monsieur, dit M. Morok, croyez-vous donc que tous les gens qui ont un crédit de deux cents livres chez nous ?...

— Pardon, dit le Français avec flegme.

Et il ouvrit son portefeuille.

Puis il en tira une feuille rouge qu'il mit sous les yeux de M. Morok stupéfait.

Cette feuille était une autre lettre de crédit.

Il s'y trouvait inscrit le chiffre énorme de quarante mille livres, c'est-à-dire un million de francs, et la signature de la maison Rothschild, de Paris, était au bas.

M. Morok fit un pas en arrière, assujettit de son mieux ses lunettes d'écaille et cria :

— Jérémie ! Jérémie !

A ce nom, un jeune commis accourut.

— Prenez un cab, Jérémie, dit M. Morok, courez à Elgin Crescent, Nothing hill, chez M. Harris, et priez-le de venir au plus vite.

Puis, ouvrant la porte de son grillage, il dit avec empressement au Français, qui souriait :

— Mais donnez-vous donc la peine d'entrer, monsieur.

Et il se hâta d'avancer un fauteuil au voyageur.

VIII

M. Harris, le chef de la maison Harris Johnson et Ce, avait sa maison particulière dans Elgin Crescent, tout auprès de Kinsington Garden.

C'est un des quartiers les plus éloignés et les plus tranquilles du West End.

Là, chacun a son habitation donnant sur un square commun.

Ni magasins, ni boutiques, ni maisons de commerce d'aucune sorte.

C'est un quartier moitié aristocratique, moitié bourgeois, où les gens retenus au centre de la ville tout le jour par les affaires, viennent retrouver chaque soir la vie de famille et les joies calmes du foyer.

M. Harris avait une jeune femme, très-mondaine, et qu'il conduisait au bal très- souvent.

La nuit précédente encore, il avait assisté à une fête splendide, qui ne s'était terminée qu'avec les premiers rayons de l'aube.

Donc, M. Harris dormait à peine depuis une heure ou deux, lorsque le commis, expédié par M. Morok, arriva.

M. Morok ne dérangeait pas son patron deux fois par an.

Il avait la haute main sur les affaires courantes, et, pour qu'il envoyât chercher M. Harris, il fallait une circonstance tout à fait extraordinaire.

Un banquier français, arraché à son premier sommeil, eût manifesté une vive mauvaise humeur.

M. Harris se leva sans mot dire, fit sa toilette avec le plus grand calme, et, ayant donné l'ordre qu'on introduisît le commis, il se borna à lui demander s'il savait pourquoi M. Morok le dérangeait.

A quoi le commis répondit qu'un étranger, un

Français, s'était présenté dans Old Bailey et demandait instamment à le voir.

— Il est pourvu d'une lettre de crédit? demanda M. Harris.

— Oui.

— Savez-vous le chiffre?

— Quarante mille livres.

L'explication était suffisante. Un homme qui peut toucher à la minute quarante mille livres a toujours le droit de déranger un banquier, même quand ce dernier a passé la nuit au bal.

M. Harris avait des chevaux, des voitures, et ses équipages étaient remarqués à Hyde Park.

Mais il ne donna pas l'ordre d'atteler.

Avec cette simplicité qui caractérise les Anglais, il sauta dans le cab de son commis et s'assit à côté de lui.

Trois quarts d'heure après, il arrivait dans Old Bailey.

Le Français était toujours là, dans le bureau de M. Morok qui avait cru de son devoir de remettre du coke dans le poêle et de présenter à son hôte deux journaux français qui arrivaient à l'adresse de M. Harris.

M. Harris entra et regarda le Français avec ce flegme dont les Anglais ne se départent jamais:

Il lui adressa la parole en français :

— Je suis monsieur Harris, dit-il, et tout à votre service, monsieur.

— Monsieur, répondit le Français, je vous demande mille pardons de vous avoir dérangé, mais je suis porteur d'une lettre de vos correspondants de Paris.

Et il ouvrit une troisième fois son portefeuille et en tira une enveloppe qui portait le timbre sec de la maison Harris et Johnson, de Paris, rue de la Chaussée d'Antin, 67.

— Veuillez passer dans mon cabinet, monsieur, dit M. Harris, qui ouvrit une porte au fond du bureau de M. Morok, et s'effaça pour laisser passer son visiteur.

Quand ils furent seuls, M. Harris ouvrit la lettre de son correspondant et lut :

« Nous vous adressons M. Firmin Bellecombe,
» chirurgien, chargé, par l'École de médecine de
» Paris, de faire des études sur la strangulation.
» M. Firmin Bellecombe est immensément riche,
» et il emporte de Paris des traites de plusieurs
» maisons. Vous ferez honneur à toutes celles
» qu'il vous présentera.
» Nous comptons que vous vous mettrez com-

» plétement à sa disposition pour tous les services
» qu'il pourra vous demander.

» M. Firmin Bellecombe désire, notamment,
» visiter les prisons, et surtout celle de Newgate.
» Il veut, en outre, faire des expériences sur les
» corps des suppliciés. Votre position d'alderman
» vous permettra de lui donner toutes les facili-
» tés à ce sujet. »

Cette lettre était pressante, comme on le voit.

M. Harris, après l'avoir lue, regarda son visiteur.

C'était un homme jeune encore, trente-huit ans au plus, qui portait des favoris bruns, et avait une physionomie intelligente.

Son regard surtout avait quelque chose de magnétique et d'impérieux qui frappa M. Harris.

Le banquier lui dit :

— Je suis à vos ordres, monsieur. Que puis-je faire pour vous être agréable ?

— Monsieur, répondit le Français, on a pendu ce matin devant votre porte ?

— Oui.

— Le corps du supplicié a été transporté à l'hôpital Saint-Barthélemy ?

— Je n'en sais rien, mais c'est probable.

— Je désirerais être mis en rapport avec le chirurgien en chef de l'hôpital, et assister à la dissection de ce corps. Que dois-je faire pour cela?

— Monsieur, répondit M. Harris, cela sera facile du moment où vous aurez un mot d'introduction du lord-maire.

— Et... ce mot?...

— Je vais m'empresser de vous le procurer.

Sur ce, M. Harris sonna et commanda qu'on lui allât chercher un cab.

— M'accompagnerez-vous, monsieur? dit-il au chirurgien.

— Comme vous voudrez, répondit celui-ci.

M. Harris reprit son chapeau, son paletot et ses gants, et le Français le suivit.

La distance est courte d'Old Bailey à King's street, le quartier dans lequel s'élève le Guild hall, c'est-à-dire l'hôtel de ville de la Cité de Londres.

C'est là que le lord-maire a ses bureaux.

Le Français resta dans le cab et M. Harris entra dans l'édifice.

Il en ressortit au bout d'un quart d'heure.

Le lord mayor n'a rien à refuser à un alderman.

M. Harris avait obtenu une carte d'entrée pour Saint-Barthélemy et une pour Newgate.

— Monsieur, dit-il au Français, je vais avoir l'honneur de vous conduire à Saint-Barthélemy. C'est par là que vous voulez commencer, n'est-ce pas?

— Oui, monsieur, répondit le chirurgien.

Ce dernier avouait ne savoir l'anglais que très-imparfaitement, et M. Harris se montrait heureux de pouvoir lui servir d'interprète.

L'Anglais est froid, il est roide avec les étrangers. Mais si ceux-ci lui sont présentés et recommandés, le masque tombe, et alors il devient hospitalier et serviable à l'excès.

M. Harris considérait déjà le Français comme son hôte, et il se croyait obligé de demeurer entièrement à sa disposition.

Arrivés à Saint-Barthélemy, M. Harris montra sa carte et parlementa un moment avec le concierge.

Puis, après les explications que celui-ci lui donna, M. Harris se tourna vers le Français :

— Monsieur, dit-il, le corps du supplicié n'a point été transporté ici.

— Ah !

— Il est resté à Newgate, où il sera inhumé.

— Sans avoir été disséqué ?

— Les chirurgiens se sont bornés, pour obéir à la loi, à lui faire deux incisions, l'une de haut en bas, l'autre transversale, et ils ont renoncé à la dissection.

— Pourquoi ?

— Mais parce que probablement, comme c'est demain Noël, ils ne veulent pas disséquer.

— Ah ! dit encore le Français. Mais pourrai-je voir le corps ?

— Je l'espère, puisque nous avons une permission pour entrer à Newgate.

Et M. Harris et le chirurgien remontèrent dans le cab qui était resté à la porte.

En ce moment un homme vêtu d'un vieil habit passa tout auprès et échangea un regard furtif avec le Français.

Cet homme n'était autre que Shoking.

IX

Quelques minutes après, le cab de M. Harris s'arrêtait devant Newgate, à la porte du milieu, qui est celle du logement particulier du gouverneur.

Newgate est la première prison de l'Angleterre.

Le gouverneur titulaire est un colonel.

C'est un haut personnage, qu'on ne voit que dans les grandes occasions, et qui laisse le gros de la besogne à un sous-gouverneur.

Celui-ci se nomme sir Robert M...

C'est un homme de cinquante ans, de robuste apparence, aux cheveux blonds, à l'œil bleu, au visage perpétuellement souriant.

Il porte un uniforme vert, sur la manche gauche duquel il y a un triple galon d'argent, et une casquette ronde en cuir verni, dont la visière est pareillement galonnée.

Sir Robert M... est sous-gouverneur de Newgate depuis plus de vingt ans.

Le contact des prisonniers, le bruit des fers, la lueur sinistre des torches qu'on allume pour dresser l'échafaud, les lugubres apprêts de la toilette des condamnés, n'ont pu assombrir cette nature essentiellement gaie.

Sir Robert M... est l'homme du Royaume-Uni dont l'humeur est la plus charmante.

C'est une bonne fortune pour lui de montrer sa prison à quelque noble étranger que le lord mayor a autorisé à franchir les portes de Newgate.

Ce fut à lui que M. Harris s'adressa.

Sir Robert M... regarda fort curieusement le chirurgien français.

Celui-ci lui plut sans doute, car il lui tendit aussitôt la main.

Du reste, tout homme qui venait visiter Newgate plaisait à sir Robert M...

La porte du milieu, celle du gouverneur, donne sur un corridor ; à droite est le greffe.

Sir Robert M... n'avait qu'à prendre une clef à sa ceinture et à ouvrir une grille pour que, du greffe, les visiteurs se trouvassent dans la geôle ; mais il tenait trop à sa petite mise en scène pour agir ainsi.

— Faites le tour, dit-il à M. Harris.

M. Harris et le chirurgien ressortirent donc et allèrent sonner à la première porte.

On y arrive par un escalier de trois marches.

La porte est en fer, percée d'un guichet et surmontée de barres de fer en forme de lances, qui arrivent jusqu'au cintre.

Alors M. Harris et M. Firmin Bellecombe (c'était, on s'en souvient, le nom que se donnait le chirurgien) se trouvèrent dans une salle de dix pieds carrés, ayant maintenant le greffe à leur gauche et le logis du portier-consigne à leur droite.

En face d'eux était une autre porte, également en fer, armée d'une énorme serrure et de trois verroux, et si basse que M... Harris, qui était grand, fut obligé de se baisser pour en franchir le seuil, après que sir Robert M... l'eût ouverte. Tous trois se trouvèrent alors dans un couloir assez sombre, qui faisait tout le tour de la prison.

Sir Robert referma la porte et dit en souriant :

— On ne ressort jamais par là.

— Mais, dit M. Harris, sort-on de Newgate?

— Rarement. Pourtant il y a des exemples...

Et le joyeux gouverneur continua à sourire.

Au bout du corridor, à gauche, se trouvait une salle assez vaste, au milieu de laquelle était une sorte de cage vitrée.

— Qu'est-ce que cela? dit M. Harris, qui tout alderman qu'il était, n'avait jamais visité la prison.

— C'est le parloir des avocats, dit sir Robert M...

On amène le prisonnier d'un côté, on fait entrer son avocat de l'autre; tous deux s'asseoient vis-à-vis, auprès de cette table qui est au milieu.

Puis on ferme cette porte.

Deux gardiens se promènent autour de la cage ; ils voient tout ce que font le prisonnier et l'avocat ; mais ils ne peuvent rien entendre de ce qu'ils disent. Ainsi le veut la loi anglaise, qui respecte la liberté de la défense.

Après la salle du parloir s'ouvrait un des corridors cellulaires.

Sir Robert M... ouvrit la porte d'une cellule.

Aussitôt le prisonnier, qui était assis sur son lit et lisait, se leva, se tourna contre le mur et fit le salut militaire.

Sir Robert prit un plaisir extrême à montrer aux deux visiteurs la cellule dans tous ses détails, depuis le lit de sangle qui s'accroche au mur, jusqu'au bec de gaz qui donne de la lumière au prisonnier ; depuis la tablette qui supporte ses effets, son peigne, sa brosse et son éponge, jusqu'à celle où il peut avoir une Bible et différents livres autorisés par le gouverneur.

Toutes les cellules ordinaires sont sur le même modèle.

M. Harris, qui servait d'interprète au Français, car sir Robert M... ne parlait que sa langue maternelle, exprima alors le désir de voir la salle de correction, puis les cachots des condamnés à mort.

La salle de correction est une petite pièce qui n'a rien de sinistre.

Les murs sont blancs, et elle est éclairée par trois croisées qui donnent sur le préau.

Mais il y a au milieu un petit meuble, un outil, un instrument, quelque chose enfin dont on ne peut deviner l'emploi et qui attire l'attention.

C'est une manière de boîte en forme de pupitre, surmontée d'une barre transversale qui lui donne l'air d'un prie-Dieu, et qui est percée de deux trous.

Et comme le Français regardait ce singulier meuble, sir Robert M... le prit par les épaules, le poussa tout contre et, tout aussitôt, il eut les chevilles prises dans le bas et les deux poignets engagés dans la barre transversale.

Alors le sous-gouverneur, riant de plus belle, lui dit :

— Quand vous retournerez dans votre pays, vous pourrez dire que vous avez été *au block*. C'est ainsi qu'on nomme cet instrument qui nous sert à donner le fouet aux pick-pockets.

Puis, satisfait de l'expérience, sir Robert délivra M. Firmin-Bellecombe, ajoutant :

— Maintenant, je vais vous montrer le cachot.

Il avait l'humeur la plus plaisante de la terre, ce bon sir Robert M...

Il conduisit les deux visiteurs au bout d'un corridor, ouvrit une porte, et le Français entra dans une cellule plongée dans une obscurité profonde, si profonde que, lorsque sir Robert eut refermé la porte, M. Harris et son compagnon, qui se trouvaient à deux pas de distance, ne purent le voir.

Et, riant toujours, le sous-gouverneur leur dit :

— En vertu de mon pouvoir discrétionnaire, j'ai le droit de laisser là trois jours et trois nuits, au pain et à l'eau, un prisonnier insubordonné.

Du cachot, on passa au préau.

C'est une cour longue et étroite, entourée de hautes murailles.

Le Français examina longtemps cet endroit.

— A quoi songez-vous? demanda sir Robert.

— Je songe qu'il doit être difficile de s'évader d'ici, répondit-il par l'entremise de M. Harris.

Sir Robert haussa les épaules.

— On s'est évadé de Clarkenweld, dit-il, d'Horsemonger Lane, de Bath square, et même de la Tour de Londres, au temps où c'était une prison; mais de Newgate, jamais!

Et arrivé au bout du préau, il les fit entrer dans un nouveau corridor sur lequel ouvraient deux portes.

C'étaient les cachots des condamnés à mort.

L'une de ces portes était ouverte.

M. Harris, qui s'était avancé, fit tout à coup un pas en arrière.

Il venait d'apercevoir un cadavre couché sur le lit.

Auprès brûlait un cierge mortuaire.

Agenouillés près du lit, deux jeunes gens et deux femmes priaient.

Le cadavre était celui du malheureux supplicié.

Les deux femmes étaient vêtues de longues robes de laine et le visage couvert d'un voile noir.

Les deux jeunes gens portaient le costume des écoliers de Christ's hospital, les bas jaunes et la soutane bleue, et ils avaient, selon l'ordonnance du roi Édouard VI, la tête nue.

Le cadavre était recouvert d'un drap, et on ne pouvait voir son visage.

X

Sire Robert M..., le sous-gouverneur de Newgate, avait remarqué le mouvement répulsif de M. Harris, qui s'était, à la vue du cadavre, vivement rejeté en arrière.

Il le prit par le bras et lui dit en souriant :

— Ne craignez rien, les morts ne sont pas dangereux. C'est ce pauvre Olivier, le Français qui nous a dit adieu ce matin.

Celui que la lettre de recommandation du correspondant de M. Harris qualifiait de chirurgien, était bravement entré dans la cellule.

Mais M. Harris demeurait à la porte.

— Excusez-moi, disait-il à sir Robert M..., c'est plus fort que moi, j'ai de la répugnance à me trouver en présence d'un cadavre.

— Manque d'habitude, dit le jovial sous-gouverneur.

— Et puis, ajouta M. Harris, j'ai connu ce malheureux.

— Ah ! vraiment ?

— Il a été employé chez moi.

Comme le front de M. Harris s'assombrissait de plus en plus, sir Robert crut de son devoir de distraire son visiteur :

— Savez-vous, dit-il, quelles sont ces deux femmes ?

— Non.

— Ce sont des ladies, des dames du plus grand monde.

— Ah ! fit M. Harris d'un air distrait.

Il s'était rangé un peu de côté et ne voyait plus le cadavre. Mais sir Robert M... continua :

— Il y a à Londres et dans les principales villes de la libre Angleterre, une institution fort respectable : le club des *Dames des prisons*.

Les dames des prisons, continua sir Robert, se recrutent parmi les femmes de la haute société pour la plupart ; elles vont visiter les prisonniers, elles prennent soin de leur famille, elles veillent les morts.

Chaque fois que nous avons une exécution, les *Dames des prisons* se présentent la veille. Elles sont deux, trois quelquefois. Elles ont le droit de visiter le condamné, de demeurer seules avec lui et de se charger des recommandations qu'il peut avoir à faire à sa famille.

— Ah! dit M. Harris, on les laisse pénétrer dans le cachot?

— Avec d'autant plus de facilité que le condamné est hors d'état de faire usage de ses mains et qu'elles n'ont absolument rien à craindre.

Puis le volubile sous-gouverneur poursuivit :

— Elles sont couvertes d'un voile épais, et on ne pourrait les reconnaître.

Quand l'exécution a eu lieu, si les chirurgiens ont renoncé à l'autopsie du corps, elles viennent prier auprès du cadavre, qui n'est enterré que le soir, après le coucher du soleil.

Le Français s'était, pendant ce temps, approché du cadavre.

Les deux femmes n'avaient point bougé.

Seuls, les deux enfants avaient levé la tête vers lui d'un air curieux.

Mais, sans se soucier de savoir si c'était ou non permis par les règlements, il avait soulevé la partie du drap qui recouvrait la tête du cadavre, et jeté un regard furtif sur le cou, pour juger de l'effet produit par la strangulation.

Le visage était tuméfié, la langue pendante et enflée, le cou portait un cercle bleuâtre, et la corde avait dû serrer fortement les chairs.

— Cet homme n'était pas vigoureux, murmura-t-il; cependant, il n'a dû mourir qu'au bout de sept à huit minutes. John Colden résistera davantage.

Cette réflexion faite, le Français ressortit et trouva dans le couloir sir Robert M..., qui continuait à donner des explications à M. Harris.

— Quant aux deux écoliers de Christ's hospital que vous voyez-là, disait le sous-gouverneur, je vais vous expliquer leur présence.

— En effet, dit M. Harris, je ne vois pas trop ce qu'ils viennent faire dans ce cachot.

— Vous savez, reprit M. Robert, que le collège a été fondé par le roi Edouard VI. Ce prince qui mourut à l'âge de seize ans était, comme vous savez, le fils de Jeanne Seymour et du roi Henri VIII. Jeanne Seymour avait été dame d'honneur de la précédente reine, la malheureuse Anne de Boleyn.

— Je sais cela, dit M. Harris, qui se piquait de connaître l'histoire de son pays.

— Jeanne avait élevé son fils dans le respect et la vénération de cette princesse infortunée qui avait porté sa tête sur le billot.

Aussi le jeune roi, en fondant Christ's hospital et créant en faveur des élèves qui y seraient admis différents priviléges, lui imposa-t-il l'obligation de veiller les suppliciés jusqu'à l'heure des funérailles, en mémoire de la royale victime.

A chaque exécution, on choisit le plus ancien écolier et le plus nouveau, et tous deux viennent passer quelques heures auprès du cadavre.

Comme le chirurgien paraissait ne savoir que très-imparfaitement l'anglais, M. Harris, un peu revenu de son émotion, se fit un devoir de lui traduire l'explication donnée par sir Robert M...

Puis ils passèrent de nouveau devant le cachot.

— Vous avez vu un supplicié, dit sir Robert ; je vais vous montrer un condamné à mort.

— Ah ! il y en a donc un autre ? fit M. Harris.

— Oui.

— Depuis quand est-il condamné ?

— Depuis hier.

— Comment s'appelle-t-il ?

— Bulton.

— Qu'a-t-il fait ?

— C'est lui qui a tenté d'assassiner un banquier, M. Thomas Elgin, dans Kilburn square.

Un sourire dédaigneux vint aux lèvres de M. Harris.

— Oh ! un banquier ? fit-il, vous êtes bien honnête... vous pourriez dire un usurier.

Le sous-gouverneur fit jouer les verrous, et la serrure de la seconde porte qui ouvrait sur le corridor.

Alors des rugissements qui n'avaient rien d'humain parvinrent aux oreilles des visiteurs.

Bulton, ce colosse au dur visage, était couché sur son lit de camp.

Il avait une ceinture autour du corps, et cette ceinture lui attachait les bras par derrière.

On lui avait pareillement mis des entraves aux pieds.

Bulton hurlait, écumait, maudissait ses juges, criait qu'il ne voulait pas mourir.

Le chirurgien le regarda.

Soudain le bandit se tut.

Cet homme qu'il voyait pour la première fois exerçait sur lui tout à coup une véritable fascination.

Sir Robert, qui était toujours de la plus belle humeur, lui dit :

— A quoi bon vous désoler ainsi, mon ami? vous ne serez pendu que le 2 janvier. Vous avez sept jours pleins devant vous.

— Je ne veux pas mourir ! hurla Bulton.

— Et puis, c'est si vite fait, dit encore l'excellent sir Robert. Vous n'avez pas le temps de vous en apercevoir. Calcraff est un garçon habile. Il n'y a pas pareil bourreau dans tout le Royaume-Uni. Il y mettra une adresse dont vous serez satisfait.

Et comme il n'y avait plus rien à voir, selon lui, dans le cachot, le sous-gouverneur fit un pas de retraite.

Alors le chirurgien regarda encore une fois Bulton, et il lui fit un signe mystérieux.

Le signe qui reliait entre eux, dans l'immensité de Londres, tous ceux qui songeaient à l'Irlande.

Et Bulton tressaillit et étouffa un cri.

Mais déjà la porte du cachot s'était refermée et le chirurgien avait disparu.

XI

Le Français, M. Harris et sir Robert M... regagnèrent le préau.

A l'autre extrémité est une porte qui ouvre sur un étroit passage.

Quand on a franchi cette porte, on se demande quelle peut être la destination de cet endroit bizarre.

Il a dix pieds de large et trente pieds de long.

Si vous levez la tête, vous voyez le ciel.

Mais vous le voyez au travers d'un grillage formé par des barres de fer énormes.

Les voleurs de Londres ont, comme ceux de Paris, leur argot pittoresque :

Ils ont surnommé ce passage la *cage aux oiseaux.*

Au fond de ce passage est une autre porte, toujours en chêne ferré, pourvue d'un guichet et d'énormes verrous.

Qu'est-ce que cette porte ?

Sir Robert M... était un metteur en scène consciencieux.

Il ne négligeait aucun détail.

Lorsque les deux visiteurs furent entrés dans la cage aux oiseaux, ils virent bien deux détenus qui travaillaient à enlever une des dalles qui couvraient le sol, lesquelles dalles, disposées sur la largeur du passage, ont une dimension de dix pieds de long sur trois de large, mais ils n'y firent aucune attention, et ils continuèrent à suivre sir Robert M..., qui ouvrit la porte du fond.

— Voici la cour d'assises, dit le sous-gouverneur en entrant.

La cour d'assises ressemble à toutes les cours de justice possibles, et n'offre rien de curieux.

Sir Robert M... se contenta de montrer le siège de l'attorney général, celui du juge et ceux des jurés, le banc du solicitor et le banc des prévenus.

Puis se retournant vers M. Harris :

— Si le prévenu est acquitté, dit-il, il sort par cette autre porte que vous voyez là-bas.

— Ah! fit M. Harris, et s'il est condamné?

— Il fait en sens inverse le chemin que nous avons parcouru.

En même temps, sir Robert regagna la porte de la cage aux oiseaux.

Alors M. Harris qui l'avait suivi tressaillit tout à coup.

Les deux détenus qui travaillaient sous la surveillance d'un gardien venaient de soulever la dalle et l'avaient dressée contre le mur.

Puis ils s'étaient mis à creuser un trou, rejetant la terre à droite et à gauche.

— Que font-ils donc là? demanda le banquier.

Alors sir Robert qui montrait sa chère prison comme on montrerait une lanterne magique aux enfants, se reprit à sourire et dit :

— Écoutez-moi bien.

— Parlez, dit M. Harris.

— En France, on condamne à mort; mais la loi française, plus humaine que la nôtre, j'en conviens, laisse le condamné dans l'incertitude de l'heure et du jour de son supplice, ce qui lui permet d'espérer encore, soit sa grâce, soit une commutation de peine, soit un événement quelconque qui l'arrache à sa destinée.

Chez nous, le prévenu apprend en même temps que sa condamnation, le jour et l'heure de son supplice. Il sait en outre qu'il ne sera point gracié, et quand il a repassé le seuil de cette porte, il frisonne et se dit : c'est là!

— Que voulez-vous dire? fit M. Harris.

— Savez-vous ce que font ces hommes?

— Non.

— Ils creusent une tombe, la tombe du Français qu'on a pendu ce matin. Vous êtes dans le cimetière des suppliciés.

M. Harris jeta un cri.

Quant au Français, il parut visiblement surpris lui-même, et manifesta une grande émotion.

Alors sir Robert, qui avait toujours le sourire aux lèvres, appuya sur la droite et posa un doigt sur le mur.

Au-dessus de chaque dalle, il y avait une initiale.

— Voici, disait-il, Witgins qui a tué sa femme. Voilà Henriette Stameton qui a empoisonné sa maîtresse. Voici Barthélemy, un Français, et Drury un Écossais, et l'Américain Butter, et l'Irlandaise Mary.

M. Harris ne pouvait s'empêcher de frissonner, à mesure que, passant d'une dalle à l'autre, le joyeux sous-gouverneur racontait l'histoire du supplicié qu'il avait sous les pieds.

Ils arrivèrent ainsi à la fosse que l'on creusait.

— Voilà où on va mettre Olivier, dit sir Robert.

— Quand? demanda M. Harris.

— A la nuit tombante.

— Monsieur, dit le Français à M. Harris, demandez donc au gouverneur quelques détails sur la manière dont se fait l'inhumation.

Sir Robert ne demandait qu'à causer, et lorsque M. Harris lui eut transmis la question, il s'empressa de répondre :

— L'inhumation se fait très-simplement : on a mis le cadavre dans un cercueil de chêne qu'on a cloué ensuite.

Le cercueil est descendu dans la fosse en notre présence et en présence de deux gardiens, car ce sont des détenus qui l'ont apporté jusqu'ici.

Alors, un ministre presbytérien, si c'est un Anglais, un prêtre catholique, si c'est un Français ou un Irlandais, fait une courte prière au bord de la fosse ouverte.

Après quoi on rejette la terre sur la bière, on replace la dalle, et avec un peu de plâtre et une truelle, on la cimente.

En même temps, le fossoyeur prend un ciseau à froid et grave sur le mur, en face, la première lettre du nom du supplicié.

— Et c'est tout, dit M. Harris.

— Ah! j'oubliais encore un détail.

— Voyons?

— Le cercueil renferme un mélange d'hydrochlorure de chaux et de potasse destiné à détruire les chairs en un court espace de temps, de façon à éviter la corruption du corps.

— Passons, dit M. Harris, qui avait hâte d'être hors de ce lieu sinistre.

Et ils sortirent tous trois de la cage aux oiseaux.

Là, ils tournèrent à droite, suivirent un nouveau couloir et les visiteurs se trouvèrent au seuil d'une salle qui n'était autre que la cuisine.

Les fourneaux étaient allumés ; une marmite gigantesque chantait dessus, et les cuisiniers paraissaient fort affairés. L'heure du repas approchait.

Sir Robert ouvrit alors une armoire de chêne blanc qui se trouvait en face de la cheminée.

— Qu'est-ce que cela ? demanda M. Harris, qui vit reluire tout à coup, cette armoire ouverte, des cuivres, des aciers, et aperçut des courroies, des sangles et des fouets.

On aurait pu croire, à première vue, que c'était l'armoire à sellerie d'un gentleman-rider et qu'elle contenait des mors de bride, des étriers, des étrivières, des gourmettes et des cravaches.

Sir Robert répondit :

— C'est ici qu'on tourmente les prisonniers.

Et il étala complaisamment et plus souriant que jamais les fers qu'on met aux prisonniers insubordonnés, et les courroies qui anéantissent le mouvement et la volonté chez le condamné à mort, le boulet qu'ils traînaient autrefois, des carcans d'un autre âge qui servaient pour les expositions, les fouets qui servaient à fustiger les détenus indociles ; enfin, la fameuse ceinture qu'on met à celui qui va monter sur l'échafaud et finalement la corde et le crochet de la potence.

Un amateur de curiosités et de chinoiseries ne montre pas ses bibelots avec plus de grâce et d'orgueil tout à la fois.

— Mais enfin, dit M. Harris, pourquoi tout cela se trouve-t-il dans la cuisine?

— Levez les yeux, dit sir Robert.

— Bon !

— Voyez-vous ces quatre crochets dans le mur, deux au-dessus de la porte que nous venons de passer, deux au-dessus de celle que vous voyez vis-à-vis?

— Oui.

— A ces crochets, on suspend deux immenses draps qui forment comme un corridor, au milieu de la cuisine et vont d'une porte à l'autre?

— Oui.

— C'est un passage qu'on fait pour le condamné à mort. C'est par là qu'il sort pour aller mourir.

— Ah! vraiment? dit le Français impassible, tandis que M. Harris sentait ses cheveux se hérisser et que le bon sous-gouverneur le regardait avec son sourire jovial et paternel.

XII

Il n'y avait plus rien à voir à Newgate, sauf une chose : les masques en plâtre des derniers suppliciés.

Ces masques sont rangés sur une tablette à l'entrée du greffe.

Sir Robert se prêta à cette exhibition avec la même complaisance.

Alors M. Harris le remercia avec effusion, et le chirurgien français lui donna sa carte.

Le bon sous-gouverneur reconduisit les deux visiteurs jusqu'à la porte principale.

Au moment où il prenait congé d'eux, on sonna.

Le portier-consigne ouvrit, et M. Harris et son compagnon se trouvèrent alors en présence d'un jeune homme vêtu de noir de la tête aux pieds.

C'était un prêtre catholique, le même qui avait assisté, le matin, Olivier allant à l'échafaud, et qui, maintenant, venait dire sur la tombe les dernières prières.

Ce prêtre, on l'a deviné déjà, c'était l'abbé Samuel.

Le Français et lui échangèrent un regard furtif.

Regard que ne surprirent ni le sous-gouverneur ni M. Harris.

Lorsqu'ils furent hors de la prison, M. Harris et le chirurgien respirèrent plus librement.

— Cher monsieur, dit alors le banquier, je suis heureux de vous avoir été agréable.

— Et je vous en suis d'autant plus reconnaissant, monsieur, répliqua celui qui, pour M. Harris, s'appelait le docteur Firmin Bellecombe, que vous paraissez très-impressionnable.

— Je le suis, en effet, et je vous avoue que la vue de ce cadavre...

— Le malheureux avait donc été votre employé ?

— Oui, monsieur, et j'ai fait tout ce qu'il a dépendu de moi pour l'arracher à sa destinée.

Tout en causant, le banquier et son hôte traversèrent Old Bailey et arrivèrent à la porte de la maison occupée par les bureaux de M. Harris.

Le chirurgien avait levé la tête vers les fenêtres du premier étage.

— Que regardez-vous ? demanda le banquier.

— Vos fenêtres, et je me dis qu'elles sont tout à fait en face de l'endroit où se dresse l'échafaud.

— Voudriez-vous donc voir un pareil spectacle ?

— Peut-être...

M. Harris eut un geste de répugnance.

— Monsieur, reprit le Français, je ne suis pas un curieux, mais un médecin qu'on a chargé d'une mission scientifique. Je dois étudier le système pénitentiaire de l'Angleterre, et les effets de la peine de mort par la strangulation. Par conséquent, il est probable que j'aurai de nouveau recours à votre obligeance.

— Je suis tout à votre service, répondit monsieur Harris.

— Je vous demanderai donc, quand il y aura une exécution, de vouloir bien me donner une de vos fenêtres.

— Si cela peut vous être agréable, j'en serai charmé, répondit M. Harris. Au reste, j'espère avoir l'honneur de vous faire une visite et d'aller vous prier à dîner pour le jour qui vous plaira.

Le Français s'inclina.

— Où êtes vous descendu ? continua M. Harris.

— Panton hôtel, Panton street, Haymarkett, répondit le Français.

— Prenez-vous de l'argent ? demanda encore M. Harris.

— Pas aujourd'hui ; mais après Noël, j'aurai recours à votre caisse.

M. Harris tendit la main au Français et ils se séparèrent.

Celui-ci descendit Old Bailey jusqu'à Fleet street et sauta dans un cab.

Puis il dit au cocher, mais en fort bon anglais, cette fois :

— Conduisez moi dans Old Gravel lane, au public-house de master Wandstoon.

Le cocher parut un peu étonné de voir un homme décemment vêtu donner une pareille indication.

Mais il ne fit aucune objection et rendit la main à son cheval, qui descendit vers le pont de Londres, tourna sur la gauche et se mit à côtoyer les docks en prenant ensuite Saint-George street.

Au bout de quelques minutes, le Français arrivait à la porte de ce public-house de sinistre apparence dans lequel, une nuit, Wilton et le cabman, renonçant à noyer l'Irlandaise, avaient bu un verre de gin.

Il n'y avait qu'un seul homme dans le public-house.

Il était assis tout près du comptoir dans lequel trônait majestueusement M. Wandstoon.

Cet homme, c'était Shoking.

A la vue du Français, il se leva avec empressement.

— Eh bien, maître? dit-il tout bas.

Alors l'homme gris, — car on a deviné sans doute que le prétendu chirurgien qui venait de visiter Newgate avec tant de soin, n'était autre que notre héros, — l'homme gris, disons-nous, secoua la tête.

— Son évasion est impossible, dit-il.

— Impossible !

— Oui, j'ai tout vu, tout parcouru. Il n'y a pas un gardien qui soit à nous. Il ne faut pas songer à une fuite possible...

— Alors, dit Shoking ému, John Colden mourra ?

— Non.

— Pourtant il sera condamné ?

— Sans doute.

— Et comment le sauverez-vous ?

— C'est mon affaire, dit l'homme gris avec calme.

— Mais, dit Shoking, pourquoi donc m'avez-vous donné rendez-vous ici?

— Parce que l'abbé Samuel doit y venir.

— Quand?

— Aussitôt que le supplicié de ce matin sera inhumé.

Tout cela avait été dit à voix basse et monsieur Wandstoon, qui lisait le *Times* avec acharnement, n'avait pu entendre un seul mot.

— Ensuite, poursuivit l'homme gris, c'est par ici que demeure Calcraff.

Ce nom fit tressaillir Shoking.

— Oui, dit-il, Calcraff a sa maison dans Will close square.

— Et Jefferies, un de ses aides, habite Parmington street.

— Précisément.

Puis après un moment de silence, Shoking poursuivit ;

— Maître, je ne crois pas que vous ayez l'intention de corrompre Calcraff; la chose est impossible.

— Ah! tu crois! fit l'homme gris en souriant :

— Certes, reprit Shoking, si la chose eût pu se faire, la famille du médecin qu'il a pendu dernièrement, n'y eût manqué. La femme du docteur Sembrok a offert toute sa fortune.

— Et Calcraff a refusé ?

— Oui. Et puis, dit Shoking, que voulez-vous que fasse le bourreau ? il voudrait sauver le patient qu'il ne le pourrait pas.

— Cela est vrai, dit l'homme gris. Cependant...

— Cependant quoi ?

— Le bourreau peut faire son nœud de telle façon que le condamné ne meure pas sur le coup.

— Vraiment ?

— Et si Calcraff ne sait pas cela, je le lui montrerai, moi.

— Oui, mais je vous le répète, Calcraff est incorruptible.

— C'est vrai, mais Jefferies ne l'est peut-être pas.

— Jefferies ?

— Oui.

— Est-ce donc Jefferies qui fait le nœud ?

— Non, c'est Calcraff.

— Alors, je ne comprends plus.

L'homme gris ne sourcilla point.

— Je disais donc, fit-il, que Jefferies demeure dans Parmington street, à deux pas d'ici.

— Bon, fit Shoking.

— Suppose que Jefferies devienne bourreau...

— A la place de Calcraff?

— Justement.

— Mais Calcraff se porte bien.

— Sans doute.

— Il n'est pas encore mort.

— Mais il peut être malade.

— Alors, dit Shoking, Votre Honneur se trompe encore.

Depuis que l'homme gris avait donné à Shoking le titre de lord, Shoking ne croyait pas devoir l'appeler décemment autrement que *Votre Honneur*.

Une politesse en vaut une autre.

— Ah! je me trompe? fit l'homme gris.

— Oui.

— Comment cela?

— Si Calcraff tombait malade, on ferait venir, pour le remplacer, le bourreau de Manchester.

— Tu as raison, mais...

— Mais quoi? fit Shoking.

— Pour faire venir le bourreau de Manchester, il faut avoir le temps. Tu me diras que l'express-train va vite et le télégraphe plus vite que l'un et l'autre.

— Dame !

— Mais il y a des maladies qui vont plus vite encore.

— Je ne comprends toujours pas, dit Shoking.

— Laisse-moi boire un coup, et je m'expliquerai. Je meurs de soif pour le moment.

Et l'homme gris se fit apporter un sherry cobler et porta voluptueusement à ses lèvres la paille qui devait lui servir à l'aspirer lentement.

XIII

Shoking avait vu faire à l'homme gris tant de choses extraordinaires que rien ne l'étonnait plus.

Néanmoins, comme c'était un esprit éminemment pratique et réfléchi que maître Shoking, il aimait à discuter toutes choses.

L'homme gris aspira la moitié du sherry cobler d'un trait; puis, regardant son interlocuteur :

— Si tu étais moins intelligent que tu n'es, fit-il, je m'empresserais de te dire que tout cela ne te regarde pas et je me bornerais à faire de toi un instrument.

Mais comme tu es un garçon d'esprit, et que je compte sur ta fidélité absolue.

— Oh! pour cela, vous avez raison.

— Je crois donc qu'il n'est pas inutile que tu sois au courant de mes projets, au moins jusqu'à un certain point.

— Bon! dit Shoking, vous avez raison. Je ne fais bien que ce que je comprends.

— Supposons donc, poursuivit l'homme gris, que Jefferies est un garçon corruptible.

— Soit.

— Et que Calcraff tombe malade subitement, non pas la veille, non pas dans la nuit qui précédera l'exécution, mais au moment même où il faudra pendre John Colden.

— Oh! oh! fit Shoking.

— Tu penses que l'échafaud dressé, la foule accourue, la toilette du patient achevée et les fameux draps de la cuisine tendus, il n'y aura pas moyen de reculer.

— Ça, c'est vrai.

— Jefferies sera donc chargé de la besogne et fera le nœud comme je l'entendrai.

— Allez, dit Shoking, je vous écoute, mais je continue à ne pas comprendre. Comment voulez-vous que Calcraff tombe subitement malade?

— Tu vas voir. Il y avait jadis à Paris un exécuteur des hautes œuvres que chaque exécution rendait malade huit jours d'avance. Aussi le jour fatal arrivé, pour se donner du courage, buvait-il force verres d'eau-de-vie et de rhum.

— Oui, dit Shoking, mais Calcraff, lui, ne boit que du lait.

— Je le sais.

— Et le lait ne grise pas.

— Je m'arrangerai pour que la tasse de lait qu'il boira le mette dans l'impossibilité de faire sa besogne.

— Comment cela?

— C'est mon secret, passons. As-tu encore une objection à me faire?

— Ah! je crois bien, fit Shoking.

— Voyons?

— Je suppose que Calcraff est malade et Jefferies vendu à notre cause.

— Bon!

— Il fait un nœud qui n'amène pas la mort instantanément. Mais John Colden n'en est pas moins pendu. Ce n'est plus qu'une question de temps. Et à moins que la corde ne casse.

— Elle cassera, dit froidement l'homme gris.

— Bon! mais je suppose que le patient tombe à terre.

— Fort bien.

— On le relèvera et on l'accrochera de nouveau.

— Ah! ici, dit l'homme gris, je n'ai plus besoin de te faire des confidences. Quand nous serons arrivés au jour de l'exécution, tu verras de quoi il s'agit.

L'homme gris en était là des explications qu'il voulait bien donner à Shoking, quand la porte du public-house s'ouvrit de nouveau.

Cette fois, ce fut l'abbé Samuel qui se montra sur le seuil.

Aussitôt l'homme gris se leva avec empressement et courut à sa rencontre.

— Monsieur l'abbé, lui dit-il, un homme de votre caractère ne doit entrer dans un bouge comme celui-ci que lorsque l'intérêt de la foi et celui de ses ouailles le commandent. Sortons.

— Comme vous voudrez, dit le jeune prêtre.

Shoking s'apprêtait à les suivre.

Mais l'homme gris lui fit signe de rester à sa place, ajoutant :

— Je vais revenir.

Old Gravel lane est une rue déserte tout le jour,

et ce n'est que la nuit, quand le Wapping s'éveille et commence sa fangeuse orgie, que le peupe l'envahit peu à peu.

Le prêtre irlandais et l'homme gris se mirent à se promener de long en large.

— C'est fait, dit l'abbé Samuel, le malheureux dort du dernier sommeil, comme dormira bientôt Bulton... comme...

Il s'arrêta frémissant.

— Vous m'avez rencontré sortant de Newgate, dit l'homme gris. J'ai visité la prison en détail, et je me suis assuré qu'il était impossible de faire évader un prisonnier.

— Mon Dieu! fit l'abbé Samuel en pâlissant, faudra-t-il donc laisser mourir notre frère?

— Non, dit l'homme gris.

— Alors, que comptez-vous faire?

— L'enlever.

— Mais où?

— Sur l'échafaud même.

L'abbé Samuel regarda son interlocuteur.

— Mais comment? fit-il.

— Les quatre chefs fenians sont toujours à Londres?

— Oui.

— Et ils vous obéiront aveuglément?

— Oui, puisque je suis le chef suprême, en attendant que l'enfant ait grandi.

— Alors, dit l'homme gris, je réponds de la vie de John Colden.

Maintenant parlons d'autre chose.

Le prêtre regarda son compagnon d'un air surpris.

— Ne m'avez-vous pas dit, reprit celui-ci, que Jefferies était catholique?

— Oui, et il s'en cache, de peur de perdre son triste emploi ; mais c'est un catholique tiède. De plus, il n'est point affilié, et on n'oserait le lui proposer.

— Mais il a une fille...

— Une fille toujours malade et qui succombe lentement à une maladie de poitrine. C'est même là le côté intéressant de cet homme aux instincts brutaux et sanguinaires. Il s'est toujours si bien caché, que la pauvre fille le croit un honnête ouvrier des docks.

— Et vous allez la visiter quelquefois?

— Oui, dit l'abbé Samuel.

— Eh bien! reprit l'homme gris, m'emmenèriez-vous avec vous?

J'ai habité les Indes, et, bien que je ne sois pas

médecin de profession, je crois avoir apporté un remède puissant contre la phthisie.

Le jeune prêtre secoua la tête.

— Hélas! dit-il, je crains que l'état de la malade ne soit tellement avancé que tout remède ne soit désormais inutile.

— Qui sait?

L'abbé Samuel réfléchit un instant.

— Jefferies est farouche, dit-il enfin, un rien l'offusque...

— Il s'adoucira si je lui promets de guérir son enfant.

— Eh bien! dit l'abbé Samuel, **voulez-vous venir voir la pauvre fille?**

— Tout de suite?

— Oui.

— Allons, dit l'homme gris.

Il rentra dans le public-house et dit à Shoking :

— Attends-moi toujours. Si je ne suis pas revenu dans une heure, tu te feras servir à souper. Mais tu ne bougeras pas d'ici que je ne sois revenu.

— C'est bien, dit Shoking.

Alors l'homme gris rejoignit l'abbé Samuel.

Ils remontèrent Old Gravel lane.

Parmington street est perpendiculaire à cette dernière rue.

C'est une des ruelles les plus tristes et les plus misérables de Londres.

On y rencontre des enfants qui marchent pieds nus et des femmes déguenillées.

Vers le milieu est un public-house, et dans ce public-house s'assemblent une foule de marins, d'ouvriers des docks et de brocanteurs.

C'était précisément dans cette maison que logeaient Jefferies et sa fille.

La nuit était venue quand le prêtre et l'homme gris y arrivèrent.

Tout à coup le premier tressaillit et dit :

— Le voilà !

— Qui donc ? demanda l'homme gris.

— Jefferies. Le voyez-vous?... là !... assis à cette porte ?

En effet, un homme était assis sur les marches de la porte bâtarde.

Il avait ses coudes sur ses genoux et sa tête dans ses deux mains.

Un rayon du bec de gaz voisin tombait sur son visage, et, sur ce visage, roulaient deux grosses larmes silencieuses.

Le prêtre s'approcha et lui mit une main sur l'épaule.

Le valet de Calcraff se leva tout d'une pièce et murmura :

— Ah! vous venez trop tard... je crois bien que ma pauvre enfant va mourir...

Et il regarda le prêtre d'un air affolé.

XIV

Il n'y avait pas très-longtemps que Jefferies, le valet du bourreau Calcraff, était venu loger dans Parmington street, trois ou quatre années au plus.

Sa fille était déjà malade, alors, mais à peine devinait-on sa souffrance.

Le mal, dans sa première période, n'avait pas encore pâli son visage, entouré ses grands yeux bleus d'un cercle de bistre et donné à ses mains la transparence de la cire.

Pendant près de deux années, la misérable population de Parmington street avait assisté jour par jour, heure par heure, à la marche inexorable et lente de la phthisie s'emparant de la pauvre créature et la courbant peu à peu vers la tombe.

Le peuple a ses moments de férocité, mais il a aussi ses jours de douceur et de bonté ineffables.

La grande et pâle jeune fille qui cheminait lentement vers la mort, un triste et doux sourire aux lèvres, était devenue l'idole du quartier.

Chaque matin, quand on voyait sortir Jefferies plus triste et plus préoccupé que la veille, on le pressait, on l'entourait, on lui demandait avec anxiété comment se trouvait Jérémiah.

C'était le nom de son enfant.

Qu'était-ce que Jefferies?

Pendant deux années personne ne l'avait su au juste. Il disait travailler dans les docks, et cela importait peu.

D'ailleurs triste, sombre, farouche, il ne parlait qu'à ceux qui lui demandaient des nouvelles de sa fille.

Quelquefois, le soir, il entrait dans ce public-house qui occupait le rez-de-chaussée de la maison.

On lui servait une pinte de porter ou de pale ale, ou un grog au gin; il s'asseyait dans un coin, buvait silencieusement, payait et s'en allait.

On avait remarqué, cependant, qu'à certaines époques Jefferies était plus triste et plus inquiet que de coutume.

Pourquoi ?

Longtemps on l'avait ignoré.

La vérité est que Jefferies tremblait, chaque fois qu'il assistait Calcraff dans une exécution, que quelque habitant de Parmington street ne se trouvât parmi la foule avide du sinistre spectacle ; non pour lui, du reste, il bravait l'infamie avec la triste philosophie des gens de sa profession, mais pour son enfant...

Jérémiah avait seize ans ; il y en avait dix que Jefferies était le valet de Calcraff, et la pauvre enfant l'ignorait.

Jefferies tremblait que sa fille ne vînt à l'apprendre, et que cette horrible révélation ne la tuât.

Aussi, au lendemain de chaque exécution, Jefferies se montrait-il moins que d'habitude, quittant Parmington street dès le matin, n'y revenant que le soir, avec la nuit et le brouillard.

Mais il n'est pas de secret qu'on ne parvienne à pénétrer.

La petite place d'Old Bailey est assez étroite pour que la foule soit obligée de se tenir à distance.

Jusques-là, aucun habitant de Parmington

street n'avait pu voir l'échafaud d'assez près pour reconnaître dessus Jefferies.

Hélas! la sinistre vérité s'était fait jour.

Deux hommes de la lie du peuple, deux roughs, habitués de ce public-house fréquenté par Jefferies avaient été favorisés pas le sort.

Partis du Wapping la veille d'une exécution, vers onze heures, ils étaient arrivés dans Fleet street, avec le premier flot de cette foule de curieux qui devait grossir jusqu'au jour.

Ils avaient été poussés jusque dans Old Bailey, avaient pu se cramponner aux chaînes tendues par les policemen et s'y tenir accrochés jusqu'au moment de l'exécution.

Alors tous deux avaient pu voir de près Calcraff et son valet, c'est-à-dire Jefferies.

Et lorsque le malheureux père de Jérémiah était revenu le soir dans le public-house, on s'était éloigné de lui avec horreur et on l'avait montré du doigt.

Il s'était mis à fondre en larmes, il s'était jeté à genoux, il avait parlé de sa fille, jurant sur la Bible qu'elle ignorait son triste métier.

Et ces hommes grossiers avaient eu pitié du père, à cause de l'enfant; et l'enfant n'avait rien su, rien appris...

Maintenant, dans Parmington street, on savait que Jefferies était le valet de Calcraff, mais on aimait la fille qui se mourait et on ne lui reprochait plus sa hideuse profession.

Or, ce soir-là, lorsque l'abbé Samuel et l'homme gris, le voyant assis sur le seuil de sa porte s'aparochèrent de lui, Jefferies pleurait.

— Ma fille va mourir, disait-il au prêtre catholique, il est trop tard.

En effet, quand Jefferies était revenu de Newgate, le matin, après l'exécution du Français Olivier, il avait trouvé sa fille couchée.

Pâle, l'œil fiévreux, les lèvres décolorées, elle lui avait dit :

— Ah ! père, tu fais bien de revenir... pour me dire adieu... j'ai lutté longtemps... mais le mal est plus fort que moi... je n'ai plus même le courage de me lever... père, père, je vais mourir...

Il était resté là tout le jour, muet et sombre, au chevet de son enfant, s'arrachant parfois les cheveux ; parfois se mettant à genoux et priant Dieu.

Vers le soir, Jérémiah avait paru s'assoupir, et la fièvre s'était calmée.

Alors, à demi-fou, le pauvre père était sorti ; il s'était promené d'un pas inégal et saccadé dans toutes les rues avoisinantes ; puis il était remonté et avait trouvé sa fille dormant, puis il était redescendu ensuite.

Cette fois, il s'était assis sur le seuil et s'était mis à pleurer, et c'était là que l'abbé Samuel l'avait trouvé.

— Mon ami, lui dit alors le jeune prêtre de cette voix grave et douce qui pénétrait jusqu'au fond de l'âme, Dieu est bon, et il ne faut jamais désespérer de sa clémence. Où est votre fille?

— Là haut. Elle dort...

— Allons la voir, dit le prêtre.

En ce moment, les yeux de Jefferies s'arrêtèrent sur l'homme gris et un geste d'étonnement et de défiance s'en échappa.

— Mon ami, dit l'homme gris, je suis médecin et j'ai sauvé des gens que tous mes confrères avaient condamnés.

Jefferies jeta un cri.

Puis il regarda l'homme gris avec une avidité sauvage.

— Vous sauveriez mon enfant, vous? dit-il.

— Peut-être.

— Oh! c'est qu'alors vous ne seriez pas un homme ordinaire! reprit Jefferies affolé.

— Voyons votre fille, dit l'homme gris.

Jefferies se leva :

— Venez, dit-il.

Et il s'enfonça d'un pas chancelant dans l'allée noire et humide de la pauvre maison.

— Je connais le chemin, dit l'abbé Samuel à l'homme gris, prenez ma main.

Alors tous trois, dans l'obscurité, gagnèrent un escalier à marches usées.

Jefferies et sa fille logeaient au troisième.

A Londres, où les maisons sont basses, le troisième est généralement le dernier étage, et c'est là que vivent les pauvres gens.

Le logis occupé par Jefferies et sa fille se composait de deux pièces qui se commandaient.

Le lit de la malade était dans la seconde.

Une chandelle brûlait sur le poêle de faïence éteint. Il faisait froid dans cette chambre et il s'en exhalait de fétides émanations.

La poitrinaire dormait toujours.

L'homme gris prit la chandelle, s'approcha du lit sur la pointe des pieds et se mit à examiner attentivement cette figure angélique qui avait déjà le calme auguste de la mort.

En ce moment le visage de l'homme gris, et son regard et son attitude exprimèrent si bien l'autorité de l'homme de science, que le pauvre père et le prêtre suspendirent leur âme à ses lèvres entr'ouvertes.

. . . .

XV

L'homme gris ne se pressait pas de parler.

Il avait approché la chandelle tout près du visage de la malade et il semblait étudier avec une attention pleine de ténacité cette couleur de peau qui tenait le milieu entre le blanc céreux et la stéarine, et qui est bien la couleur de ceux que mine la phthisie.

Puis il se pencha tout près, collant presque son oreille à la poitrine de la jeune fille toujours endormie, et il écouta sa respiration haletante et saccadée.

Enfin il releva la tête et dit :

— Le mal est très-avancé, mais il n'est pas encore à cette limite extrême où tout remède est impuissant, tout secours inutile.

— Vrai! s'écria l'abbé Samuel en regardant l'homme gris d'un air de doute.

— On peut la sauver, répondit celui-ci.

Quant à Jefferies, il était tombé à genoux devant l'homme gris :

— Oh! sauvez ma fille, disait-il, sauvez-la, et je vous bénirai, sauvez-la et je serai votre esclave...

Et le malheureux pleurait et priait tout à la fois, se tordant les mains et se traînant aux pieds de cet homme qui venait de déclarer que rien n'était désespéré.

Cette lumière, ces éclats de voix finirent par éveiller la malade.

Elle ouvrit les yeux et poussa un cri d'étonnement, presque d'effroi, en voyant un inconnu à son chevet.

Mais alors l'abbé Samuel s'avança et lui dit :

— Comment allez-vous, mon enfant?

Elle le reconnut et un pâle sourire vint à ses lèvres.

— Ah! c'est vous, monsieur l'abbé? fit-elle. Vous êtes bien bon d'être venu me voir.

Son père, toujours à genoux, se tenait à l'écart dans l'ombre.

— Vous êtes bien bon, poursuivit Jérémiah qui ne vit pas Jefferies tout de suite, bien bon d'être venu me voir, monsieur l'abbé... d'autant plus que... c'est peut-être... la dernière fois... Et elle souriait encore, en parlant de sa fin prochaine.

— Mon enfant, répondit l'abbé Samuel, monsieur que voilà, et qui est médecin...

A ces mots, Jérémiah fixa sur l'homme gris son regard ardent et fiévreux; mais le sourire n'abandonna point ses lèvres.

— Alors, dit-elle, monsieur doit bien voir que je vais mourir.

Soudain Jérémiah entendit un sanglot au pied de son lit.

— Ah! mon Dieu! fit-elle, mon père était là! pardonne-moi... père, pardonne-moi...

— Mon enfant, continua l'abbé Samuel en prenant dans les siennes, cette main longue et diaphane que Jérémiah laissait pendre hors du lit, mon enfant, vous vous trompez... monsieur, qui est médecin, vous dis-je, affirme qu'on peut vous guérir.

— Oh! fit-elle d'un air de doute.

L'homme gris regardait autour de lui.

— Vous êtes mal ici, dit-il enfin.

Et s'adressant à Jefferies:

— Cette chambre est insalubre et le voisinage des docks empoisonne l'air que vous respirez. Voulez-vous que votre enfant vive? ajouta-t-il.

— Si je le veux ! s'écria le pauvre père.

— Eh bien ! il faut m'obéir.

— Parlez, monsieur, ordonnez ! dit Jefferies.

— Il faut faire transporter votre fille, dès demain, dans une maison, que je vous indiquerai, et où je la visiterai tous les jours.

L'abbé Samuel dit à son tour :

— Peut-être n'avez-vous pas d'argent, mon pauvre Jefferies ? Mais il ne faut pas vous inquiéter de cela. Monsieur est non-seulement un médecin savant, c'est encore un homme riche et bienfaisant, qui ne reculera devant aucun sacrifice pour sauver votre enfant.

Jefferies baisait les mains du prêtre, comme il avait baisé celles de l'homme gris.

Celui-ci ajouta :

— Je vais vous envoyer tout à l'heure une potion que ferez prendre à votre fille. Cette potion calmera la fièvre, lui procurera un sommeil tranquille, et lui permettra, demain, d'avoir assez de force pour se lever.

Jefferies écoutait avec une sorte d'extase.

Cet ascendant moral, que l'homme gris prenait presque aussitôt sur ceux auxquels il adressait la parole, agissait déjà sur le grossier valet de Calcraff.

— L'homme qui vous apportera cette potion, continua-t-il, est un homme à mon service et qui m'est tout dévoué. Il reviendra demain avec une voiture et il vous emmènera, vous et votre fille, dans une maison où je crois que pourrai la guérir.

En même temps il mit un petit rouleau d'or sur le poêle, fit un signe d'adieu à la poitrinaire qui se demandait si les anges du bon Dieu n'avaient pas pris forme humaine pour la venir visiter, et il sortit en pressant la main du pauvre Jefferies, qui continuait à pleurer, mais de joie, maintenant qu'on lui promettait que sa fille vivrait.

L'abbé Samuel le suivit.

Quand ils furent dehors, ce dernier regarda l'homme gris et lui dit :

— Vraiment, vous croyez qu'on peut encore sauver cette jeune fille ?

— Oui, en disposant des moyens que je vais employer, ce que très-peu de personnes pourraient faire.

— Et... ces moyens ?

— Je ferai transporter Jérémiah à Hampstead.

— Dans la maison où est venu le major Waterley ?

— Précisément. Il ne faut guère que l'espace

d'une nuit pour préparer la chambre que je lui destine.

— Comment! la préparer? fit le prêtre surpris.

— N'avez-vous pas entendu dire que les médecins employaient le goudron pour les maladies de poitrine?

— En effet.

— Eh bien! je vais faire enduire de goudron le plafond, les murs et les portes de la chambre qu'elle habitera.

— Ah! je commence à comprendre.

— Pas encore, dit en souriant l'homme gris. En l'état actuel, le mal de Jérémiah est trop avancé pour que le goudron suffise.

— Alors?

— Mais... attendez. Il y a dans l'Amérique du Sud, au Paragon, à deux cents milles des côtes, sur les bords de la rivière Parana, une vallée longue de six lieues et large de deux qu'on appelle Hapna.

Cette vallée jouit d'une température assez semblable à celle de Nice ou des îles d'Hyères.

Les Américains du Sud attaqués d'une maladie de poitrine s'y rendent par milliers.

Là, sans remède aucun, et si avancé que soit le mal, ils se guérissent en peu de temps.

Est-ce l'influence du climat?

Ils le croient tous, mais ils se trompent.

— Qu'est-ce donc, alors? demanda l'abbé Samuel.

— La vallée renferme en abondance une espèce particulière de pin résineux qui charge l'atmosphère d'émanations bienfaisantes; et ces émanations guérissent.

— Mais, observa l'abbé Samuel, je ne sais encore où vous voulez en venir.

— J'ai analysé chimiquement la résine de ces pins, dans un voyage que j'ai fait à Hapna, et je connais maintenant sa composition.

De même qu'on peut fabriquer de l'air et des eaux minérales, je puis fabriquer une résine en tout semblable à celle dont je vous parle, et la mélanger à cet enduit de goudron que j'appliquerai sur les murs.

Puis, à l'aide d'un calorifère et d'un thermomètre, nous entretiendrons dans la chambre une atmosphère égale à celle de la vallée de Hapna.

Vous le voyez, ajouta l'homme gris en souriant, c'est bien simple.

L'abbé Samuel le regardait avec un étonnement mêlé d'admiration.

Ils étaient, tout en causant, revenus dans Old

Gravel lane; mais, au lieu de rejoindre Shoking, ils remontèrent jusqu'à Saint-George street et entrèrent dans la boutique d'un *chemist dispensary*, c'est-à-dire d'un pharmacien.

Là, l'homme gris fit préparer la potion; puis il dit à l'abbé Samuel :

— Maintenant, je vais envoyer Shoking chez Jefferies, et vous reconduire ensuite à Saint-Gilles.

Et, en effet, l'homme gris dans Old Gravel lane, ouvrit la porte du public-house de Master Wandstone et appela Shoking qui buvait philosophiquement son troisième verre de grog au gin.

XVI

Shoking s'empressa de payer sa dépense et de sortir.

L'homme gris lui remit la fiole contenant la potion.

— Tu vas aller, lui dit-il, dans Parmington street.

— Chez Jefferies ?

— Oui.

Shoking fit une légère grimace.

— As-tu quelque répugnance à cela? lui demanda l'homme gris en souriant.

— Dame! répondit naïvement Shoking, cela pourrait bien me porter malheur.

— Imbécile !

— Vous save le proverbe anglais : « Ne touchez pas à la hache. »

— C'est pour les nobles et les gentlemen, ce proverbe-là, dit l'homme gris.

— Oui, mais voici le proverbe des petites gens : « Ne touchez pas à la corde. »

— Eh bien ! la corde et Jefferies font deux.

— N'est-ce pas Jefferies qui la prépare?

— Oui.

— Alors, c'est bien à peu près la même chose.

— Mon cher ami, dit en souriant l'homme gris, Dieu m'est témoin que je voudrais pouvoir tenir compte de tes répugnances et avoir sous la main quelqu'un pour te remplacer. Mais je n'ai personne, et il ne s'agit, après tout, que de prendre cette bouteille, de la porter chez Jefferies, et de la remettre à sa fille, en lui disant : C'est le médecin qui a promis de vous sauver qui m'envoie.

— Donnez alors, dit Shoking en souriant.

— Ensuite, mon ami, poursuivit l'homme gris,

comme il faut que toute peine ait sa récompense, je t'annonce que tu vas reprendre ce soir même cette vie de gentleman pour laquelle tu es né très-certainement.

Shoking tressaillit.

— Tu retournes à Hampsteadt, dit l'homme gris.

— Ah!

— Et tu reprends ton nom et ton titre.

— C'est-à-dire, dit Shoking tremblant d'émotion, que je redeviens lord Vilmot?

— Précisément.

Shoking s'était emparé de la bouteille et ne faisait plus aucune difficulté pour aller chez le valet de Calcraff.

L'homme gris ajouta :

— Quand tu te seras acquitté de cette mission, tu monteras dans un cab et tu iras m'attendre à Hampsteadt, dans *ta maison.*

Ces derniers mots firent tressaillir d'aise le bon Shoking. Cependant, comme il allait s'éloigner, un scrupule s'empara de lui.

— Qu'est-ce encore? fit l'homme gris.

— Savez-vous maître, dit Shoking, que, lorsque je m'éveillerai pour tout de bon de ce ce beau rêve de grandeur, le réveil sera dur?

— Comment cela?

— Lord Vilmot aura de la peine à redevenir Shoking.

— Ah! mon pauvre ami, dit l'homme gris en riant, il n'y a que la reine qui puisse créer des baronnets; mais si elle en a jamais l'intention à ton endroit, je ne m'y opposerai pas.

Seulement je puis dès aujourd'hui te promettre une chose.

— Laquelle?

— La maison te restera et tu pourras y finir tes jours.

— Vrai?

— Je ne reprends jamais ce que j'ai donné.

Schoking était naïf à ses heures :

— Bon! dit-il, mais l'or qui est dans les tiroirs?

— L'or aussi. Tu vois bien que ça ne porte pas toujours malheur de s'en aller chez le valet de Calcraff.

Shoking prit ses jambes à son cou et, la fiole à la main, il s'élança vers Parmington street.

Alors l'homme gris rejoignit l'abbé Samuel qui était monté dans un cab et attendait au coin de Saint-George street.

Le prêtre était devenu pensif.

— Savez-vous à quoi je songe? dit-il, tandis

que l'homme gris prenait place à côté de lui et indiquait au cocher comme but de la course, la place des Sept-Quadrants.

— Non, en vérité, dit celui-ci.

— Je me dis que si l'Irlande avait une douzaine d'hommes comme vous au service de sa cause, elle triompherait en moins d'une année.

— Monsieur l'abbé, répondit l'homme gris d'une voix grave et triste, les hommes dévoués à l'Irlande ne sont pas rares, et il y en a même des milliers. Ce qui leur manquait peut-être, jusqu'à ce jour, c'était un chef mystérieux, un homme qui aurait acquis en des luttes sombres et terribles une expérience et une audace qui triomphent de tout. J'avais cela, et je suis venu à vous.

Je vous ai dit : Là où le prêtre ne peut entrer, j'entrerai ; là où le chrétien n'ose frapper, je frapperai ! et au lendemain de la victoire, je disparaîtrai, car je ne suis pas digne de rester à votre droite.

— Oh ! fit le jeune prêtre en lui tendant la main avec expansion, ne parlez point ainsi.

— Vous ne savez rien de mon passé, dit-il d'une voix sourde.

Et dès lors il s'enferma dans un silence farouche, et le prêtre respecta ce silence.

Ils arrivèrent ainsi dans le quartier Irlandais, derrière Saint-Gilles.

— Monsieur l'abbé, dit alors l'homme gris, tandis que le cab s'arrêtait, rappelez-vous que je compte sur les quatre chefs?

— Vous pouvez y compter, dit le prêtre.

— Sans cela je ne réponds pas de la vie de John Colden.

— Et s'ils vous obéissent de point en point?...

— Je sauverai John Colden.

— Quand dois-je les réunir?

— L'avant-veille de l'exécution, c'est suffisant.

Alors le prêtre descendit de voiture et se dirigea à pied vers son église.

L'homme gris souleva la trappe qui était au-dessus de sa tête et le cocher se baissa.

— Mène-moi dans Regent' street, au coin de Piccadilly, lui dit-il.

Tu t'arrêteras devant le chimiste qui est à côté du café de la Régence.

De la place des Sept-Quadrants à l'endroit désigné, le trajet était court.

Ce fut l'affaire de quelques minutes et l'homme gris entra dans la boutique du pharmacien-chimiste-parfumeur, car à Londres, tous ces commerces-là se réunissent volontiers en un seul.

Le chimiste de Régent' street est un des plus instruits et des mieux assortis de Londres.

— Mon cher monsieur, lui dit l'homme gris, je suis médecin.

En même temps, il lui exhiba un diplôme bien en règle.

Le chimiste s'inclina.

— Je suis le médecin d'une grande famille qui ne reculera devant aucun sacrifice pour conserver à la vie une jeune fille qui se meurt. C'est vous dire que les services que j'attends de vous seront libéralement payés.

Le chimiste s'inclina plus bas encore que la première fois.

— Il faut que vous mettiez à ma disposition pour ce soir même un *préparateur*.

— Je vous donnerai mon premier élève, répondit le chimiste.

— Et que vous m'envoyiez les drogues et les substances suivantes.

En même temps l'homme gris prit une plume et du papier sur le comptoir et écrivit une longue ordonnance.

Le chimiste en prit connaissance et ne put s'empêcher de témoigner son étonnement.

— Mais, monsieur, dit-il, ce sont là des médicaments pour un régiment tout entier.

— Vous croyez?

— Ainsi je vois un baril de goudron...

— Oui, monsieur; je vais faire une expérience sur le succès de laquelle je compte fort.

En même temps, l'homme gris ouvrit son portefeuille et en tira deux billets de vingt livres qu'il posa sur le comptoir, ajoutant :

— Vous m'enverrez tout cela, ainsi que le chimiste préparateur, ce soir, avant dix heures, à Hampsteadt, Heath mount, n° 22.

Le chimiste prit les quarante livres et salua avec considération un médecin qui faisait de semblables avances à ses malades.

L'argent produira toujours son petit effet, même sur un apothicaire.

XVII

— Ma parole d'honneur! se disait Shoking, douze heures après, je crois que tout ce qui m'advient n'a jamais été qu'un rêve. J'ai beau me pincer pour m'assurer que je ne dors pas, c'est plus fort que moi. Cela ne doit pas être arrivé.

Shoking se disait tout cela en se regardant avec une complaisance inquiète dans la grande glace à pivot de ce cabinet de toilette où, quelques jours auparavant, on l'avait mis au bain, peigné, parfumé, habillé comme un parfait gentleman et salué du titre de lord.

Il se disait cela, parce que même aventure venait de lui advenir.

Il était rentré la veille au soir et avait trouvé l'homme gris causant avec Jenny l'Irlandaise et Suzannah dans le petit salon du rez-de-chaussée.

Mais l'enfant n'y était plus.

Il était entré, le matin même, au collége de Christ'shospital, et désormais il était à l'abri des représailles de la justice. La soutane bleue et les bas violets le rendaient inviolable.

Quant à Jenny, elle s'était d'autant plus aisément résignée à une séparation, que cette séparation ne devait pas durer plus d'un jour ou deux.

L'homme gris avait trouvé le moyen de la faire

admettre à Christ'shospital comme attachée à la lingerie.

Donc, ces trois personnes causaient lorsque Shoking était arrivé.

Il s'était mis à table avec elles et avait soupé de bon appétit, après, toutefois, avoir rendu compte de sa mission.

Puis l'homme gris lui avait dit:

— Va te coucher et dors bien ; j'aurai besoin de toi demain matin.

Le même valet de chambre, qui avait si bien donné du *lord* en plein visage au bon Shoking, l'était venu chercher alors, et l'avait conduit à sa chambre à coucher.

Shoking était pourtant de nouveau misérablement vêtu, et il n'avait pu s'empêcher de dire au superbe laquais galonné que l'homme gris attachait ainsi à sa personne :

— Comment peux-tu m'appeler mylord, en me voyant ainsi accoutré ?

Mais le valet avait répondu en souriant :

— Je sais que Votre Seigneurie est excentrique, et que, dans un but de philanthropie, elle parcourt les quartiers populeux de Londres, où elle fait beaucoup de bien.

Et Shoking avait eu beau protester, le valet de chambre avait tenu à son opinion.

Shoking s'était donc mis au lit, et il s'était endormi comme au bon temps où il couchait sous les voûtes d'Adelphi.

Le lendemain matin, le valet de chambre était venu l'éveiller.

— Votre Seigneurie veut-elle s'habiller? avait-il dit.

— Quelle heure est-il ?

— Sept heures : c'est un peu matin ; mais l'ami de Votre Seigneurie a besoin d'elle.

Cet ami dont parlait le valet c'était l'homme gris.

L'homme gris, en effet, avait donné l'ordre qu'on éveillât Shoking dès le point du jour.

Shoking prit un bain, laissa peigner ses cheveux, faire sa barbe; il passa une chemise de toile fine et revêtit un bizarre costume du matin, consistant en une jaquette, un gilet et un pantalon de couleurs claires, ce que les Anglais appellent une *suite*.

Le valet lui mit une rose à la boutonnière, lui tendit un chapeau gris et des gants de peau de daim et lui dit :

— L'ami de Votre Seigneurie est dans la galerie qui fait suite au corridor.

Shoking, de plus en plus abasourdi, suivit le chemin qu'on lui indiquait, et il fut pris tout coup à la gorge par une forte odeur de goudron.

— Viens donc par ici ! lui cria une voix.

Et l'homme gris se montra au seuil d'une chambre située à l'extrémité de la galerie.

Il n'était certes pas vêtu en gentleman, lui, il s'offrait même à Shoking dans un négligé que le nouveau lord blâma *in petto*.

L'homme gris, en pantoufles et en manches de chemise, les bras retroussés au-dessus du coude, avait les mains enduites d'une sorte de mastic rougeâtre !

— Bon ! dit Shoking, encore des choses étranges !

— Entre donc.

Shoking entra et se trouva dans une chambre dont les murs disparaissaient sous une épaisse couche de goudron.

Au milieu il y avait des objets bizarres, des cornues, des vases, un alambic, un creuset, tout un appareil de laboratoire de chimie.

Shoking vit encore un jeune homme qui portait suspendu à son cou un tablier bleu.

C'était le préparateur qu'avait envoyé le chimiste de Régent'street.

— Tu as bien dormi, toi ? dit l'homme gris.

— Certainement, fit Shoking.

— Eh bien ! moi, je ne me suis pas couché.

— Est-ce que c'était pour barioler ainsi les murs de cette chambre ? demanda le nouveau lord avec une pointe d'ironie.

— Justement.

— Drôle de peinture, dans tous les cas.

— C'est possible, mais j'en attends de beaux résultats. Viens, je vais te conduire à ta voiture.

— Ma voiture ?

— Sans doute.

Et l'homme gris s'essuya les mains et passa son bras sous celui du gentleman Shoking.

— Que penses-tu de la petite que tu as vue hier ? lui dit-il.

— La fille de Jefferies ?

— Oui.

— Je crois qu'elle n'a pas huit jours à vivre.

— Eh bien ! tu vas aller la chercher dans ta voiture.

— Bien.

— Tu l'amèneras ici.

— Fort bien.

— Et quand elle aura couché dans cette chambre, dont tu te moques, l'espace d'un mois environ, elle se portera aussi bien que toi et moi.

— Est-ce possible!

— Avec moi tout est possible, mon ami.

Shoking n'était pas au bout de ses étonnements.

A la grille du jardin se trouvait un grand carrosse attelé de deux chevaux magnifiques.

Un cocher poudré était sur le siége, deux laquais en bas de soie se tenaient derrière, suspendus aux étrivières.

— Comment! balbutia Shoking, c'est là ma voiture?

— Sans doute.

— Et je vais monter dedans?

— Dame! à moins que tu ne te veuilles t'asseoir sur le siége.

— Et dans cette voiture, je vais aller chercher la fille de Jefferies?

— Oui.

— Mais, dit Shoktng, ils me reconnaîtront.

— Sans aucun doute.

— Et puis, j'étais vêtu comme je le suis ordinairement comme un pauvre diable qui...

— Tu étais vêtu, interrompit l'homme gris, comme un grand seigneur excentrique qui se déguise pour faire du bien.

En même temps, il abaissa le marchepied devant Shoking qui hésitait encore.

— Mais, maître, dit encore celui-ci, croyez-vous que Jefferies consentira à se séparer de sa fille?

— Tu lui diras qu'il peut la suivre.

— Et je l'amènerai ici?

— Naturellement,

Sur ce mot, l'homme gris ferma la portière et fit un signe au cocher, qui rendit la main à ses trotteurs.

— C'est égal! murmura Shoking, tandis que le carrosse descendait Heath mount avec la rapidité de l'éclair, celui qui me pincerait assez fort pour m'éveiller, me rendrait un fameux service.

XVIII

Jamais, peut-être, on n'avait vu semblable spectacle dans le Wapping.

Londres qui se divise en plusieurs paroisses, au point de vue administratif, n'est réellement composé que de deux quartiers bien distincts, le West-End et l'East-End, l'Ouest et l'Est.

A l'est, le Londres commerçant, laborieux, les docks, les bassins gigantesques où les Indes et le monde entier versent nuit et jour leurs richesses et leurs produits.

A l'est encore, les quartiers misérables, les enfants demi-nus, les femmes en haillons, les mendiants grouillant au seuil des portes, les maisons noires et humides, les tavernes où la débauche et la misère boivent de compagnie.

A l'ouest, dans le West-End, les palais, les édifices, les rues larges et bien percées, les magasins splendides, les femmes rayonnantes de beauté, étincelantes de pierreries, et les cavaliers irréprochables.

Les habitants du West-End ne visitent jamais l'East-End.

Ceux de l'East-End ignorent les splendeurs que la ville monstre étale à l'ouest.

Aussi, lorsque la population sordide du Wapping, lorsque les pauvres gens de Parmington street virent apparaître le carrosse de lord Vilmot avec ses magnifiques trotteurs, son cocher et ses deux laquais poudrés, crurent-ils faire un rêve.

Les enfants et les femmes accoururent au seuil

des portes, d'autres se mirent aux fenêtres ; les enfants du public-house où Jefferies buvait seul quelquefois, se précipitèrent au dehors.

Les deux laquais avaient mis pied à terre et posé leur longue canne sur le trottoir.

A Londres, où les impôts somptuaires sont innombrables, un lord peut, avec de l'argent, interrompre un moment la circulation.

Il a payé pour cela, et c'est son droit.

Tandis que le carrosse s'arrête, les laquais barrent le trottoir de leur canne, pour que Sa Seigneurie puisse descendre de voiture et ne se point frotter à la canaille.

La canaille s'arrête sans murmurer et attendant avec calme que le noble personnage ait mis pied à terre et soit entré dans la maison.

Il se fit donc un rassemblement des deux côtés des cannes.

Lord Vilmot descendit.

Un homme en haillons, un rough, jeta alors un cri.

Un cri d'étonnement que lui arracha la vue du personnage pour qui on interceptait le trottoir.

Ce cri fit tourner la tête à lord Vilmot.

— Mais c'est Shoking !

Shoking ne perdit point la tête; il ne se déconcerta point et il salua le rough d'un geste.

Puis il s'avança vers lui et lui dit en souriant :

— Tu me reconnais ?...

— Excusez-moi... ce n'est pas possible... une méprise... Pardon, Votre Seigneurie... balbutia le rough.

Mais Shoking poursuivit avec un sang-froid imperturbable...

— Tu ne te trompes pas, je suis bien Shoking. Dans le Wapping, je n'ai pas d'autre nom.

— Oh! Votre Seigneurie se moque! disait le rough qui se confondait toujours en excuses.

— Non, dit Shoking, c'est bien moi. Seulement, dans le West-End je m'appelle lord Vilmot.

Et comme le rough stupéfait ne comprenait pas, Shoking poursuivit :

— Je suis un lord excentrique. Je me déguise et je viens étudier la misère au Blak horse et au bal Wilton, à la seule fin d'en rendre compte au parlement et d'adoucir le sort du peuple.

Sur cette réponse majestueuse, Shoking fouilla dans sa poche, en retira une dixaine de guinées et les donna à John.

Ce fut un vertige, un éblouissement.

La foule criait encore : Vive Sa Seigneurie! que

Shoking s'était engouffré depuis longtemps dans l'allée noire de la maison de Jefferies.

Et la foule de crier, de trépigner, de battre des mains et de se livrer à mille commentaires.

Le rough n'était pas le seul qui eût connu Shoking.

Il y avait maintenant dix personnes, attroupées à la maison, qui avaient bu avec lui, mangé avec lui, couché avec lui dans le work-house de Milden Road et sous les voûtes d'Adelphi.

Et on se répétait que Shoking était un lord, et qu'il siégeait au Parlement.

Que venait-il donc faire dans Parmington street?

Il s'écoula un grand quart d'heure.

Puis lord Vilmot reparut.

Mais il n'était pas seul.

Derrière lui on vit apparaître Jefferies.

Jefferies, le valet de Calcraff, qui pleurait de joie et portait sa fille dans ses bras.

Et la foule battit des mains quand elle vit le noble lord aider l'homme de sang à asseoir la mourante dans ce beau carrosse armorié, y monter ensuite, et faire asseoir à côté de lui le valet du bourreau.

Puis les laquais remontèrent derrière le carrosse, Shoking distribua à ses anciens amis des sourires et des saluts protecteurs, le cocher rendit la main à ses chevaux, et tout disparut comme une vision.

. . . .

Une heure après, Jefferies, sa fille et Shoking arrivaient à Hampsteadt.

Le voyage avait fatigué la pauvre malade, et elle fut prise d'une telle faiblesse que son père fut encore obligé de la porter, pour traverser le jardin.

L'homme gris attendait au seuil de la maison, et il avait auprès de lui l'abbé Samuel.

Celui-ci dit à Jefferies :

— Mon ami, vous le voyez, il ne faut jamais désespérer de la bonté de Dieu. Au moment où le désespoir pénétrait dans votre âme, et allait l'envahir tout entière, il s'est trouvé, sur votre route, un noble seigneur qui a eu pitié de votre détresse, et cet homme de science qui entrevoit la guérison de celle que vous croyiez prête à mourir.

Jefferies versait des larmes.

L'homme gris le conduisit à cette chambre qu'on avait préparée pour Jérémiah.

On mit la jeune fille au lit, puis on lui administra un calmant, qui eut l'effet d'un narcotique.

La jeune fille s'endormit.

— Mon Dieu! s'écria le pauvre père, ne l'avez-vous pas tuée, au moins?

— Non, répondit l'homme gris, en souriant, revenez demain, vous la trouverez souriante, et déjà cette pâleur morbide qui couvre son visage, aura disparu en partie.

— Mon Dieu! s'écria Jefferies, faudra-t-il donc que je m'en aille, et allez-vous me séparer de mon enfant?

— Vous viendrez la voir tous les jours; le matin et le soir même, si vous le voulez; mais vous ne pouvez rester ici.

Jefferies songea alors à l'infamie de sa profession, et il baissa la tête.

— Oh! dit-il, je comprends. Je ne suis pas digne de vivre ici.

L'homme gris ne répondit pas.

Et quand le valet de Calcraff fut parti, l'homme gris dit à l'abbé Samuel:

— Si je l'avais autorisé à rester, il eût renoncé à sa profession, et pourtant, vous savez que nous avons besoin de lui!

— C'est vrai, répondit le prêtre.

Puis regardant la jeune fille endormie:

— Et vous espérez la sauver?

— Je ne l'espère pas, j'en suis sûr... comme je suis sûr, maintenant, d'arracher John Colden à l'échafaud, répondit cet homme étrange avec un accent de conviction qui ne laissa plus aucun doute au jeune prêtre.

XIX

Que devenait John Colden pendant tout ce temps-là ?

John Colden avait été transféré, la veille de Noël, à Newgate.

Sa blessure n'était pas complétement fermée, mais elle était en voie de guérison et le chirurgien philanthrrope de Cold Bath field avait déclaré qu'il n'y avait nul inconvénient à envoyer ce misérable prendre possession de sa cellule dans la prison d'où on ne sort plus.

C'était le bon et jovial sous-gouverneur, sir Robert M..., qui avait reçu le nouvel arrivant et assisté à son inscription sur les registres d'écrou.

— Vous deviez bien vous ennuyer, mon garçon, à Cold Bath field, c'est une vilaine prison pour les malades. Le bruit du moulin est insupportable et devait vous empêcher de dormir.

Ici, rien de pareil, vous serez comme chez vous et vous n'entendrez pas le moindre bruit.

D'ailleurs, vous savez, l'Angleterre est pleine de clémence, elle ne fait pas souffrir inutilement le pauvre monde.

Si j'en crois le certificat que me transmet le chirurgien de Bath square, vous pourrez très-bien supporter les fatigues de la cour d'assises d'ici à quatre ou cinq jours.

Il est même probable que le président du jury prendra en considération votre état, et qu'il vous condamnera à être promptement exécuté.

Car, voyez-vous, mon garçon, acheva le bon sous-gouverneur, croyez-en ma vieille expérience, quand on a un mauvais quart d'heure à passer, autant vaut que ce soit le plus tôt possible. Après, on est bien tranquille, allez!

John Colden eut un sourire pour cette lugubre facétie.

On le conduisit à sa cellule, et on lui mit les fers.

L'Irlandais avait fait le sacrifice de sa vie, et bien que M. Bardel, en l'embrassant, lorsqu'il avait quitté Bath square, lui eût dit à l'oreille,

« Courage, on te sauvera! » John Colden n'y croyait guère.

L'enfant était sauvé.

Pour lui, c'était l'essentiel. Peu lui importait de mourir.

Il dormit comme un homme que n'assiége aucun remords.

Le lendemain, le sous-gouverneur entra dans sa cellule de bonne heure et lui dit :

— Vous êtes Irlandais ?

— Oui, répondit John Colden.

— Catholique, par conséquent ?

— Oui.

— Mon cher ami, reprit sir Robert M..., il nous arrive si rarement d'avoir des catholiques à Newgate que nous n'avons pas d'aumônier.

Hier matin, on a pendu un Français : il était catholique aussi. Un prêtre de ce culte s'est présenté, il a été admis à lui donner des consolations.

Lorsque vous aurez été condamné, on fera demander ce même prêtre, si vous le désirez.

Mais, pour le moment, la chose est impossible.

Cependant, c'est aujourd'hui Noël, la plus grande fête du monde chrétien. Voulez-vous aller à la chapelle?

— Soit, dit John Colden.

— Vous entendrez l'office comme les autres détenus. Après tout, c'est toujours prier Dieu.

John Colden fit un nouveau signe d'assentiment, et le sous-gouverneur se retira.

Une heure après, on vint chercher John pour le conduire à la chapelle.

Le dimanche, à l'heure de l'office, les détenus sont assis les uns à côté des autres, la face tournée vers la chaire du prédicateur.

Mais le condamné à mort, s'il y en a un, a une place spéciale : un prie-Dieu placé tout au bas de la chaire.

John Colden tressaillit en entrant.

Il vit un homme revêtu de la camisole de force, et dans cet homme qui occupait le banc du condamné à mort, il reconnut Bulton.

Bulton, l'amant de Suzannah, sa sœur, à lui, John Colden.

Bulton, qui avait été condamné à être pendu le 2 janvier prochain.

Celui-ci le reconnut et lui fit un signe de tête amical.

John Colden, si brave et si résigné qu'il fût, ne put s'empêcher de faire cette réflexion que dans huit jours il occuperait certainement la place où était Bulton, et il sentit quelques gouttes de sueur mouiller la racine de ses cheveux.

Quand l'office fut fini, Bulton passa près de lui.

— Bonjour, frère, lui dit-il.

— Dieu te garde ! répondit John.

Les deux gardiens qui ne quittaient jamais le condamné à mort ne s'opposèrent pas à ce qu'il échangeât quelques mots avec John.

Bulton, à force de vivre avec Suzannah, avait appris cet idiome des côtes d'Irlande que les Anglais ne comprennent pas.

— As-tu des nouvelles de Suzannah ? dit Bulton dans cette langue.

— Oui.

— Elle est sans doute à Milbanck ?

— Non, elle est libre.

— Libre !

— Oui, c'est l'homme gris qui l'a sauvée.

— Bulton parut rassembler ses souvenirs :

— Ah ! dit-il, c'est cet homme qui courait après le petit Ralph.

— Oui.

— Je l'ai reconnu, il est venu ici.

— Quand ?

— Hier. Je ne sais pas ce qu'il venait faire, peut-être était-ce pour toi.

— Je ne sais, dit John Colden.

— Pauvre Suzannah! murmura Bulton, si je pouvais la voir une dernière fois, je serais résigné.

Les gardiens s'approchèrent et poussèrent Bulton en avant, le séparant ainsi de John Colden.

Celui-ci rentra dans sa cellule, et les jours et les nuits s'écoulèrent.

Personne ne le visitait, aucun bruit du dehors ne parvenait jusqu'à lui, et le sous-gouverneur ne le visitait plus.

Matin et soir un gardien lui apportait à manger.

Dans la journée, il se promenait une heure dans le préau, et il rentrait ensuite dans sa cellule jusques au lendemain.

Un soir, cependant, il y avait juste huit jours qu'il avait rencontré Bulton à la chapelle, le sous-gouverneur reparut.

— Eh bien! mon garçon, lui dit-il, c'est pour demain.

John le regarda.

— Demain la cour d'assises vous jugera, et vous serez fixé. Cela vaut toujours mieux, voyez-vous.

— Vous avez raison, répondit John impassible.

Il commençait à être de l'avis de sir Robert M....

que, quand on a un mauvais quart d'heure à passer, autant vaut que ce soit tout de suite.

Ce fut donc avec une sorte de joie que John Colden accueillit la communication du sous-gouverneur.

Il mangea et s'endormit ensuite comme à l'ordinaire.

Mais il fut éveillé dans son premier sommeil.

Était-ce une illusion? était-ce la réalité?

Mais John croyait entendre à travers les murs épais de sa cellule un bruit sourd et mystérieux qui croissait sans cesse et qui ressemblait au clapotement de la mer se brisant sur les falaises.

Ce bruit dura toute la nuit.

Le jour vint.

Avec le jour, il parut s'accroître un moment, puis il cessa tout à coup.

A huit heures, la porte de la cellule s'ouvrit, et un gardien parut.

— John! dit-il, c'est aujourd'hui la cour d'assises.

— Je suis prêt, répondit John en sortant de son lit.

Puis, comme le gardien allait se retirer :

— J'ai entendu un bruit étrange cette nuit, dit-il.

— Ah! fit le gardien.

— Et je n'ai pu dormir.

— Vous n'êtes pas le seul.

— Quel était donc ce bruit?

Le gardien hésita.

— A quoi bon vous le dire? fit-il.

Et il sortit.

John tomba dans une rêverie profonde.

Puis tout à coup il se souvint que dans la nuit qui précède l'exécution, les abords de Newgate sont envahis par une foule immense, qui trépigne et murmure toute la nuit, et que, jusqu'à l'heure de l'expiation suprême, cette foule grandit, grandit toujours...

Et John Colden pensa à Bulton...

A Bulton qui peut-être était mort.

. . . .

XX

Pour expliquer le bruit étrange que John Colden avait entendu toute la nuit, il est nécessaire de faire un pas en arrière et de nous reporter au jour précédent.

Il était huit heures et demie du matin.

A cette heure là, il est à peine jour dans la ville qu'on a surnommée la reine des brumes.

Mais si les quartiers populeux commencent à s'agiter; si le peuple circule dans les rues, le West-End est encore profondément endormi.

Les balayeurs silencieux et le policeman taciturne parcourent seuls les larges avenues de Belgrave square et de Piccadilly.

On entendrait voler une mouche dans Pall mall, et les vagabonds, qui ont passé la nuit juchés sur les arbres des parcs, n'ont pas encore ouvert les yeux.

Cependant un cab, ce matin-là, entra dans Chester street et vint s'arrêter à la porte de l'hôtel habité par lord Palmure.

Le suisse, encore tout endormi, ouvrit son guichet et demanda ce qu'on pouvait vouloir à pareille heure.

Une femme descendit du cab.

Cette femme était vêtue d'une robe de laine brune et un voile noir couvrait son visage.

Elle tenait une lettre à la main.

A sa vue, le suisse tressaillit.

— Pour miss Ellen, dit cette femme, et tout de suite.

Le suisse prit la lettre et la dame remonta dans le cab, qui s'éloigna rapidement.

Le suisse savait sans doute que ce message était de la dernière importance, car il endossa à la hâte sa houppelande galonnée.

— Mon Dieu! dit-il au valet de chambre qui sommeillait dans l'antichambre, en attendant le retour de lord Palmure, comment allons-nous faire? Miss Ellen est allée au bal cette nuit, il n'y a pas une heure qu'elle est couchée.

— Eh bien! répondit le valet en se frottant les yeux, il faut attendre que miss Ellen soit levée.

— Oh! non, dit le suisse, c'est impossible.

— Mon cher, reprit le suisse, vous êtes tout nouvellement au service de Sa Seigneurie, et il y a des choses que vous ignorez très-certainement.

— Ah! fit le valet surpris.

— Cela est arrivé deux fois déjà depuis trois ans.

— Mais quoi donc?

— Qu'une femme inconnue, couverte d'un voile noir, s'est présentée avec une lettre comme celle-ci.

— Eh bien?

— La première fois, c'était le matin, comme aujourd'hui. J'ai gardé la lettre jusqu'à midi. Quand je l'ai remise à miss Ellen, elle s'est montrée fort irritée, et elle m'a dit que je serais congédié si, une autre fois, ayant reçu une lettre semblable, je ne la lui faisais point parvenir sur-le-champ.

— Alors, la seconde fois ?...

— La seconde fois, la lettre est arrivée à minuit. Miss Ellen venait de se mettre au lit. J'ai remis le message à l'une de ses femmes de chambre et, presque aussitôt après, miss Ellen a demandé sa voiture et elle est sortie.

— Ah ! fit le valet de chambre intrigué par cette histoire, et où est-elle allée ?

— Le cocher l'a conduite dans la Cité, auprès de Christ's hospital.

Là elle a mis pied à terre et l'a renvoyé. Il n'a pas pu savoir, par conséquent, en quel endroit elle avait affaire.

— Et quand est-elle rentrée ?

— Le lendemain soir seulement.

— Et Sa Seigneurie ne s'est point étonnée de l'absence de sa fille ?

— Non.

— Alors vous pensez qu'il faut faire tenir cette lettre à miss Ellen ?

— Sur-le-champ.

Comme le valet de chambre hésitait néanmoins, les deux domestiques entendirent le bruit de la porte cochère qui se refermait.

C'était lord Palmure qui rentrait à pied.

Le noble lord était, on le sait, membre du Parlement.

Le Parlement anglais siége le soir, et ses délibérations se prolongent souvent jusques au milieu de la nuit.

Lord Palmure, en quittant le Parlement, avait coutume d'aller finir la nuit à son club.

Cette nuit-là, il avait été engagé dans une grosse partie de wisth qui s'était prolongée jusqu'à huit heures du matin.

— Ma foi! dit le valet de chambre au suisse, j'aime autant que Sa Seigneurie me donne l'ordre de porter la lettre.

Lord Palmure montait les degrés du perron en cet instant.

Le suisse lui montra la lettre.

Elle ressemblait à toutes les lettres possibles.

Néanmoins, il y avait une croix noire dans un coin de l'enveloppe.

Le noble lord vit cette croix et tressaillit.

— Pauvre Ellen ! murmura-t-il tout bas.

— Eh bien ! dit-il, portez cette lettre à Fanny, la femme de chambre française.

— Mais, Votre Seignerie, fit le suisse, miss Ellen est revenue du bal au petit jour.

— N'importe ! dit sèchement lord Palmure, on l'éveillera.

Les ordres de lord Palmure furent exécutés.

La femme de chambre française, qui venait de se coucher, fut éveillée.

On lui remit la lettre et elle entra dans la chambre de miss Ellen.

Miss Ellen dormait profondément et elle s'éveilla en disant :

— Que me veut-on ? qu'est-il arrivé ?

La femme de chambre portait un flambeau d'une main et un plateau de l'autre.

La lettre était sur le plateau.

A peine eut-elle vu la croix noire du coin de l'enveloppe que miss Ellen tressaillit et qu'une pâleur mortelle se répandit sur son visage.

— C'est bien, dit-elle : habillez-moi vite.

Et elle s'arracha courageusement de son lit.

Miss Ellen fut vêtue en un tour de main.

Cependant elle n'avait pas encore ouvert le

mystérieux message, comme si elle eût su par avance ce qu'il contenait.

A peine était-elle habillée qu'on gratta doucement à la porte.

C'était lord Palmure.

Lord Palmure était visiblement ému.

— Allez demander ma voiture, dit miss Ellen à la femme, de chambre qui sortit aussitôt.

Alors le père et la fille demeurèrent seuls.

— Te voilà toute pâle, mon enfant, dit le noble lord.

— Ah! je dormais bien, dit miss Ellen. Il n'y avait pas une heure que j'étais couchée.

— Pâle et tout émue, continua lord Palmure.

— Oh! mon père, répondit miss Ellen, que ne donnerais-je pas à cette heure pour ne point être affiliée à cette société?

— Ma fille, répondit lord Palmure, l'aristocratie anglaise est la seule qui soit demeurée debout, en notre siècle, debout et intacte, ayant conservé ses richesses et ses priviléges. Savez-vous pourquoi? C'est qu'elle a compris ses devoirs, c'est qu'à certaines heures, elle sait descendre jusqu'au peuple et lui tendre la main, c'est qu'elle a le courage d'accepter de certaines missions que je qualifierais volontiers d'héroïques.

— Vous avez raison, mon père : aussi serai-je à la hauteur de ma mission, répondit miss Ellen.

Et elle brisa le cachet du message.

Lord Palmure la regardait avec une visible anxiété, tandis qu'elle lisait.

— Ah ! dit-elle c'est un condamné à mort... mon Dieu ! j'ai peur.

— Courage ! dit lord Palmure, qui prit sa fille dans ses bras et l'embrassa tendrement.

Miss Ellen prit la lettre et la jeta au feu.

Quelques minutes après, elle montait dans un petit coupé brun sans chiffres ni armoiries, attelé d'un seul cheval, et disait au cocher :

— Menez-moi dans la Cité.

Le coupé partit, gagna White Hall, puis *Trafalgar place*, puis le Strand, entra dans Fleet street et, sur les indications de miss Ellen, ne s'arrêta qu'à l'entrée d'une ruelle qui porte le nom bizarre de *Sermon lane*.

La ruelle du Sermon descend vers la Tamise.

Elle est bordée de petites maisons noires et chétives.

Miss Ellen mit pied à terre et dit au cocher :

— Vous pouvez rentrer à l'hôtel.

Puis elle attendit que le coupé se fût éloigné.

Alors elle entra dans la ruelle, chemina un moment d'un pas rapide et furtif et se glissa dans une allée noire, où elle disparut.

XXI

La maison dans laquelle pénétrait miss Ellen était une des plus chétives de Sermon lane.

Au bout de l'allée étroite, humide et obscure, il y avait un méchant escalier à rampe de bois.

La noble fille du West-End, l'héritière d'une fortune opulente, monta néanmoins lestement et sans répugnance les marches usées de cet escalier, après avoir eu soin de laisser retomber le voile de son chapeau sur son visage.

L'escalier était désert, on n'entendait aucun bruit dans la maison, et on aurait pu la croire inhabitée.

Miss Ellen monta jusqu'au deuxième étage.

Là elle s'arrêta devant une porte, tira une clé de sa poche et l'ouvrit.

Miss Ellen était donc chez elle ?

Cette porte ouverte, la jeune fille se trouva au

seuil d'une petite chambre assez pauvrement meublée et dont l'unique croisée donnait sur la Tamise.

Elle referma la porte sur elle et donna un tour de clé.

Puis elle se dirigea vers le coin le plus obscur de la chambre.

Dans ce coin, il y avait une armoire, qu'elle ouvrit.

Cette armoire renfermait un porte-manteau et, à ce porte-manteau, étaient accrochés des vêtements que miss Ellen prit un à un et étala sur le lit.

Il y avait d'abord une robe brune à longs plis tombants, puis un manteau à capuchon, puis un voile noir qui devait pendre jusqu'à la ceinture.

Enfin, une sorte de plaque en cuivre attachée à un cordon de laine.

Cette plaque portait d'un côté une croix semblable, pour la forme, à celle qu'elle avait vue dans un coin de l'enveloppe qu'on lui avait apportée une heure auparavant.

De l'autre, il s'y trouvait un numéro, le chiffre 17.

Miss Ellen ne perdit pas de temps, elle se déshabilla complétement, se dépouilla de son bracelet et de ses bagues, revêtit ensuite une chemise de grosse toile, et cette robe de laine brune et ce capuchon de moine, et enfin elle se couvrit le visage du voile noir.

Après quoi, elle suspendit la plaque de cuivre à son cou.

Ainsi métamarphosée, miss Ellen revint vers la porte et l'ouvrit.

Mais soudain, elle se rejeta vivement en arrière en poussant un cri étouffé.

Un homme était sur le seuil.

Et cet homme lui disait :

— Excusez-moi, miss Ellen, de me présenter ainsi à l'improviste.

Cet homme était enveloppé dans un grand manteau dont le collet relevé lui cachait si bien le visage qu'on n'apercevait que ses yeux.

Mais il s'échappait de ses yeux un regard qui rencontra celui de miss Ellen et en fit jaillir un éclair.

Miss Ellen avait reconnu cet homme.

Et comme elle reculait muette, éperdue, fascinée, il entra et referma la porte.

Alors le manteau tomba.

— Encore une fois, miss Ellen, dit l'inconnu, excusez-moi de me présenter ainsi.

— Vous ! vous ! fit-elle d'une voix étranglée.

— Moi, répondit-il, avec calme.

Et ayant à son tour donné un tour de clé, il mit la clé dans sa poche.

Miss Ellen, l'altière patricienne, s'était prise à trembler.

Quant à l'homme gris, car c'était lui, il se hâta d'ajouter :

— Miss Ellen, ne craignez rien : bien que nous soyons seuls, bien que vous soyez en mon pouvoir, rassurez-vous, vous ne courez aucun danger.

Il avait retrouvé cette voix douce et grave, timbrée d'un grain de mélancolie, qui savait si bien le chemin des cœurs.

Et cependant, miss Ellen tremblait toujours, et elle répéta :

— Vous encore !

— Moi toujours, dit-il.

— Que me voulez-vous ?

— Vous demander un service.

— A moi ?

— A vous.

Elle se roidissait peu à peu contre l'emotion qui l'étreignait, et sa nature ardente et hautaine reprenait insensiblement le dessus.

— Eh bien ! répéta-t-elle, que me voulez-vous ?

— Vous êtes affiliée à la compagnie des *dames des prisons*?

— Mon costume vous l'indique.

— Je le savais et c'est pour cela que je suis venu.

— Ah!

— Miss Ellen, continua l'homme gris, en vous demandant un service, je puis peut-être vous en rendre un.

— Vous!

— Vous êtes hardie, courageuse, miss Ellen, mais vous êtes nerveuse et vous êtes femme, et la triste mission qui vous échoit aujourd'hui remplit votre âme d'une secrète épouvante.

— Que voulez-vous dire?

— Je veux dire, reprit l'homme gris, que vous donneriez la moitié de vos diamants pour n'avoir point été choisie par le sort pour la corvée qui vous arrive, car ce sera la première fois que vous aurez visité un condamné à mort.

— C'est vrai, dit-elle, frissonnante.

— Je viens vous dispenser de cette pénible mission.

— Vous? Et comment cela? dit miss Ellen Qui donc êtes-vous?

— Tout et rien, répondit-il. Mais si vous me voulez écouter...

— Parlez.

— Le condamné à mort s'appelle Bulton.

— Je le sais.

— Il y a de par le monde une femme qu'il aime et qu'il veut voir une dernière fois.

— Eh bien ?

— Cette femme s'offre à prendre votre place.

Miss Ellen tressaillit.

— Mais, dit-elle, c'est impossible.

— Pourquoi ?

— Parce qu'elle ne fait sans doute pas partie de notre association.

— Je l'avoue.

— Alors, vous voyez bien...

— Pardon, miss Ellen, dit l'homme gris avec douceur, je connais parfaitement les statuts qui régissent les *dames des prisons* et je vais vous prouver que rien, au contraire, n'est plus facile que ce que je vous propose.

— Voyons ? fit-elle.

Maintenant qu'elle savait ce qu'on attendait d'elle, miss Ellen était moins effrayée.

L'homme gris continua :

La loi première de votre association est que vous ne vous connaissez pas entre vous.

— C'est vrai.

La présidente seule sait le nom de chacune des affiliées.

— En effet.

— Pour les autres, il n'y a que des numéros, vous êtes le numéro 17, et ce voile épais qui couvre votre visage empêchera même celle qui vous accompagnera tout à l'heure à Newgate de savoir qui vous êtes.

— Après? dit miss Ellen.

— Quand je vous suis apparu à l'improviste, où alliez-vous? Vous alliez au numéro 9 de la rue Pater-Noster, n'est-ce pas?

— C'est là qu'est la salle de nos réunions.

Une fois là, poursuivit l'homme gris, vous vous seriez présentée à la présidente?

— Oui.

— Et elle vous aurait dit : Prenez une voiture de place et allez dans telle rue chercher la compagne que le sort vous a donnée.

— C'est bien cela, dit miss Ellen ; et encore je suis forcée de montrer mon visage à la présidente.

— Eh bien! reprit l'homme gris, supposez

qu'en sortant de la rue Pater-Noster, vous reveniez ici.

— Bon !

— Et que, dans cette chambre, vous échangiez ce costume avec la femme dont je vous parle...

— En effet, dit miss Ellen, cela est possible, mais...

— Mais quoi? dit l'homme gris.

Elle se redressa hautaine :

— Mais je ne le veux pas ! dit-elle.

— Même si je vous en prie ?

Elle eut un rire dédaigneux sous son voile.

— Miss Ellen, dit froidement l'homme gris, j'ai été l'ami du malheureux Dick Harrisson, qui est mort pour vous et par vous.

A ce nom, miss Ellen poussa un cri étouffé et se courba, frémissante, devant l'homme gris.

XXII

Miss Ellen Palmure avait jeté un cri tout d'aborb.

Tout d'abord elle s'était courbée devant cet homme qui paraissait avoir son secret.

Mais la jeune fille qui, tout à l'heure, tremblait

à la pensée qu'elle allait voir un condamné à mort, se redressa tout à coup.

Elle rejeta en arrière ce long voile noir qui la couvrait tout entière, et elle apparut à l'homme gris pâle, mais l'œil étincelant de colère et d'indignation.

— Qui donc êtes-vous? fit-elle, vous qui avez osé pénétrer deux fois chez moi déjà, vous qui osez prononcer en ma présence le nom de Dick Harrisson?

— J'étais son ami, miss Ellen.

— Que m'importe!

Un sourire vint aux lèvres de l'homme gris.

— Miss Ellen, dit-il, nous sommes seuls ici, bien seuls, personne ne nous entend, et nous pouvons parler à cœur ouvert. Je sais tout.

— Ah! fit-elle en lui jetant le regard haineux que le reptile lève sur l'homme qui l'écrase sous son pied, ah! vous savez tout?...

Et il y avait dans sa voix une ironie sourde et désespérée.

— J'ai été l'ami de Dick Harrisson, poursuivit-il; j'ai été le confident de son amour pour vous.

— Après? dit-elle froidement.

— Je sais que Dick est mort, possédant des lettres de vous...

Miss Ellen devint livide.

— Des lettres que vous avez cherchées vainement, des lettres que vous payeriez au poids de l'or.

— Et... ces lettres?...

— Je sais où elles sont, moi.

Miss Ellen était frémissante de fureur et ses yeux lançaient des éclairs.

— Vous voyez donc bien, miss Ellen, dit l'homme gris, que vous ne pouvez pas me refuser le petit service que je vous demande.

— Et si je vous le rends, dit miss Ellen, ces lettres?...

— Je vous dirai où elles sont.

— Parlez...

— Non, pas aujourd'hui, mais faites ce que je vous demande et, demain, à minuit, je me présenterai chez vous.

— Par le même chemin que les deux autres fois?

— Oui, car il est inutile que vos gens s'aperçoivent de ma présence.

— Je vois que je suis en votre pouvoir, dit miss Ellen, qui parut, en ce moment, faire un violent effort sur elle-même et maîtriser sa fierté révoltée. Il faut donc que je vous obéisse!

— Et je vous en serai reconnaissant, dit l'homme gris avec un sourire.

— Ordonnez donc, fit-elle en courbant la tête.

— Reprenez votre voile, allez rue Paster-Noster vous montrer à la présidente de l'œuvre, dit-il, ayez le numéro et l'adresse de la dame qui doit vous accompagner et revenez ici.

— C'est ici que voulez m'attendre ?

— Oui.

Miss Ellen remit son voile, s'enveloppa dans le capuchon et l'homme gris lui ouvrit la porte.

Puis elle descendit rapidement l'escalier.

— Ah ! murmura l'homme gris, si le regard tuait, je serais mort depuis longtemps ; la lutte engagée n'est pas avec lord Palmure, elle est avec cette fille de dix-huit ans qui semble être le génie incarné du mal.

Puis il s'approcha de la fenêtre, l'ouvrit et se pencha dans la rue.

Il vit miss Ellen qui s'éloignait d'un pas rapide et il la suivit des yeux jusqu'à ce qu'elle eut tourné le coin de *Sermon lane*.

Alors il mit deux doigts sur sa bouche et fit entendre un coup de sifflet.

A ce signal, une femme qui s'était tenue immobile sous le porche d'une porte voisine traversa la rue et disparut dans l'allée ; c'était Suzannah.

L'homme gris alla à sa rencontre dans l'escalier, la prit par la main et lui dit d'une voix émue en la faisant entrer dans la chambre.

— Mon enfant, vous le verrez une dernière fois.

Suzannah fondit en larmes.

— Ah ! dit-elle, pauvre Bulton !... il me battait et me maltraitait bien quelquefois, mais il avait bon cœur... et il m'aimait...

— Mon enfant, dit l'homme gris qui prit les deux mains de la pécheresse et les pressa doucement, si j'avais pu les sauver tous deux, votre frère et votre ami, je l'eusse fait. Mais je ne puis en sauver qu'un et la vie de celui-là est chère à l'Irlande. Du courage donc, ma pauvre Suzannah...

— Je tâcherai d'en avoir, dit-elle.

— Il faut que vous en ayez, reprit-il, car vos larmes pourraient vous trahir, et alors peut-être compromettriez-vous le sort de John votre frère.

Suzannah essuya ses larmes.

Puis tous deux attendirent.

Bientôt on entendit au coin de Sermon lane le bruit d'un cab qui s'arrêtait.

L'homme gris s'était mis à la fenêtre.

Il vit miss Ellen, dans son costume de dame des prisons, descendre du cab, qui ne pouvait entrer dans la ruelle, tant elle était étroite, et s'acheminer lentement vers la maison.

Miss Ellen monta l'escalier et poussa la porte demeurée entrebâillée.

— Voilà celle qui va vous remplacer, dit l'homme gris.

La patricienne rejeta son voile en arrière et se prit à considérer Suzannah, la fille du peuple.

Suzannah avait cette beauté particulière aux femmes de la verte Érin.

— Ah! dit-elle avec dédain, c'es tune Irlandaise

— Oui, mademoiselle, répondit froidement l'homme gris.

— Mon humiliation est doublée, murmura miss Ellen.

L'homme gris haussa les épaules et ne répondit pas. Et comme le visage, encore baigné de larmes, de Suzannah attestait sa profonde douleur, miss Ellen lui dit :

— C'est donc votre amant qu'on va pendre?

— Oui, madame, répondit Suzannah simplement.

— Miss Ellen, dit l'homme gris, vous savez ce qu'il vous reste à faire : reprendre vos habits et donner ceux-là à cette femme, que je vais attendre en bas.

Miss Ellen fit un signe de tête.

— Dans quelle rue doit-elle aller?

— Dans Old Bailey même, au numéro neuf. Le cab attendra à la porte, et la dame qui devait m'accompagner descendra.

— C'est bien, dit l'homme gris.

Et il descendit afin que miss Ellen pût, en toute liberté, changer de costume.

Quand il fut parti, miss Ellen respira plus librement. Elle regarda de nouveau Suzannah, qui se déshabillait.

Puis une idée rapide comme l'éclair traversa son cerveau.

— Vous connaissez cet homme? dit-elle.

— Oui, dit Suzannah.

— Son nom?

— L'homme gris.

— Il doit en avoir un autre.

— Je l'ignore.

— Si vous me le dites, fit vivement miss Ellen, je cours rejoindre mon père qui est membre du Parlement et je fais surseoir à l'exécution de votre amant.

— Madame, répondit Suzannah, Dieu m'est témoin que je ne lui connais pas d'autre nom, mais si j'en savais un autre...

— Eh bien?

— S'agît-il de ma propre vie, je ne vous le dirais pas.

— Pourquoi?

— Parce que cet homme est à nos yeux comme un envoyé de Dieu lui-même, et que celui qui le trahirait serait maudit!

— Oh! fit miss Ellen avec rage, il est donc bien puissant, cet homme?

— Il peut tout ce qu'il veut.

— Alors, ricana miss Ellen, pourquoi ne sauve-t-il pas votre amant?

— Parce que mon amant n'est pas un fils de l'Irlande.

— Sans cela, il le sauverait? fit miss Ellen avec ironie.

— Oui, répondit Suzannah avec l'accent d'une conviction profonde.

— Ah! se dit miss Ellen avec rage, il triomphe jusqu'à présent, mais j'aurai mon heure et je l'écraserai!... Pendant qu'elles causaient ainsi, les deux femmes avaient changé de vêtements.

Maintenant Suzannah était couverte de la robe brune et du voile noir, et miss Ellen lui dit, en lui attachant au cou la plaque de cuivre qui portait le numéro 17.

— Allez, j'attendrai ici votre retour.

Suzannah descendit. Elle retrouva l'homme gris sur le seuil de la porte.

— Suzannah, lui dit-il d'une voix grave, encore une fois, je vous en supplie, du courage et retenez vos larmes, elles pourraient vous trahir.

— Je vous le promets, dit Suzannah.

Et elle remonta Sermon lane.

Le cab laissé par miss Ellen attendait toujours.

Suzannah y monta et dit au cocher qui ne soupçonna même pas la substitution :

— Dans Old Bailey, au numéro 9. Vous vous arrêterez à la porte et vous attendrez.

Quant à l'homme gris, il s'était pareillement éloigné de la ruelle du Sermon.

XXIII

L'homme gris avait le rare privilége de faire passer sa propre volonté dans le cœur des autres.

Suzannah, qui tout à l'heure versait d'abondantes larmes, avait fait un effort surhumain.

Ses larmes ne coulaient plus, et elle se sentait le courage d'entrer dans cette sombre prison de Newgate d'un pas ferme.

Le cab s'arrêta au n° 9 d'Old Bailey.

L'autre dame des prisons attendait sous la porte.

Elle s'élança dans le cab et dit d'une voix émue :

— Bonjour, ma sœur !

Suzannah s'aperçut alors que cette femme tremblait encore plus qu'elle.

Elle était toute fluette, et, sous sa robe aux plis flottants, on devinait une taille frêle et délicate, et quelques mèches de cheveux blonds s'échappaient au travers du capuchon et du voile noir.

La main qu'elle tendit à Suzannah était petite et mignonne, et la voix que celle-ci venait d'entendre trahissait une toute jeune fille, presque une enfant.

— A Newgate ! dit Suzannah au cocher.

Il n'y avait guère que la rue à traverser et cent pas à faire.

Cependant la dame des prisons eut le temps de dire quelques mots.

— Oh ! madame, madame, fit-elle en pressant

dans ses petites mains les mains de Suzannah... savez-vous que j'ai bien peur?

— Ah! vous avez peur? dit Suzannah.

— Songez! reprit-elle. C'est la première fois... la première... Jusqu'à présent, je n'avais visité que des prisonniers ordinaires... Oh! que je voudrais pouvoir ne pas entrer dans ce terrible cachot...

Suzannah tressaillit.

La jeune fille en voile noir, quelque fille de lord sans doute et qui avait accepté une mission au-dessus de ses forces, semblait aller au devant de ses désirs.

Elle parlait de ne pas entrer dans le cachot.

Et Suzannah sentit son cœur battre à outrance.

Serait-elle donc seule avec Bulton?

Le cab s'arrêta devant la hideuse et sinistre porte.

Le cocher descendit et sonna.

Le portier-consigne ouvrit le guichet, reconnut à qui il avait affaire, fit courir les verrous dans leurs gâches, et tourna l'énorme clef dans la serrure.

La jeune fille était si émue qu'elle fut obligée, en descendant du cab, de s'appuyer sur l'épaule de Suzannah.

L'Irlandaise se sentit plus forte de cette faiblesse ; elle comprit qu'elle avait désormais un rôle de protection à jouer.

Les deux femmes pénétrèrent dans le sombre parloir.

La jeune fille chancelait et sa main, qu'elle avait passée sur le bras de Suzannah, fut prise d'un tremblement nerveux, au moment où la grille s'ouvrit.

— Ma sœur, ma sœur, disait-elle tout bas, soutenez-moi... je vous en prie...

— Venez, et soyez forte ! lui dit Suzannah.

Ce jovial sous-gouverneur qu'on appelle sir Robert M... était venu recevoir les dames des prisons au seuil du corridor obscur qui conduisait au cachot du condamné.

— Mesdames, dit-il galamment, je crains bien que votre visite ne soit inutile.

— Inutile ! dit Suzannah.

— Pourquoi ? fit la jeune fille qui chancelait de plus.

— Mais parce que le condamné est une bête fauve qui ne cesse de hurler et de blasphémer, et refuse toute consolation, répondit sir Robert.

— Oh ! mon Dieu ! fit la jeune fille.

— Tout à l'heure, reprit le sous-gouverneur, le

révérend master Bloumfields a voulu lui prodiguer des consolations. Il a injurié le prêtre.

La jeune fille tremblait de plus en plus, et Suzannah était presque obligée de la porter.

Quand ils furent au fond du corridor, des hurlements parvinrent à leurs oreilles.

C'était Bulton qui criait et blasphémait.

— Oh! non, jamais! jamais! dit la jeune fille à demi morte d'épouvante.

Et Suzannah fut obligée de la soutenir dans ses bras.

— Mesdames, dit sir Robert M..., croyez-moi, n'allez pas plus loin.

Mais Suzannah répondit :

— Monsieur, la personne qui m'accompagne se trouve presque mal, et je crois qu'elle fera bien de ne pas entrer ; mais moi, je me sens plus forte.

— Et vous entrerez seule ? fit sir Robert.

— Oui.

— Comme vous voudrez, madame.

Et sir Robert ouvrit la porte du cachot.

Alors la jeune fille s'appuya sur son bras, comme elle s'était auparavant appuyée sur Suzannah.

Le prisonnier hurlait de plus belle.

Il avait la camisole de force, il était solidement attaché par une jambe à un anneau de fer fixé dans le mur, et, par conséquent, réduit à une impuissance absolue.

— Je vous préviens, madame, dit sir Robert en s'adressant à Suzannah, que vous n'avez aucun danger à courir; mais comme il nous est défendu d'entendre ce que vous pouvez dire au condamné, je vais vous enfermer avec lui.

— Comme vous voudrez, dit Suzannah, qui eut un moment de joie au milieu de sa douleur.

— Qu'est-ce que cette béguine ? hurlait Bulton en voyant Suzannah pénétrer dans son cachot, et que me veut-elle ?

Laissez-moi donc tranquille, milady... Je n'ai besoin ni de vous ni des vôtres.

Et tandis qu'il parlait ainsi, le sous-gouverneur avait refermé la porte du cachot, et Bulton se trouva seul avec la dame des prisons.

Alors Suzannah releva son voile noir.

Bulton jeta un cri.

L'Irlandaise avait le visage inondé de larmes silencieuses.

— Tais-toi! dit-elle en posant un doigt sur ses lèvres.

Puis elle vint s'agenouiller auprès de ce lit sur lequel Bulton était étendu.

— Tais-toi, répéta-t-elle, et ne blasphème plus, malheureux. Tu vois bien que Dieu est bon, puisqu'il nous a permis de nous revoir.

Et, en effet, Bulton s'était tu.

L'apparition de Suzannah, du seul être qu'il eût aimé en ce monde depuis bien longtemps, avait subitement calmé la fureur du condamné.

Son âme s'était détendue, ses yeux s'étaient remplis de larmes.

— Oh! pardon! pardon, ma Suzannah!... Pardon! murmurait-il.

Et Suzannah avait appuyé son visage sur celui du bandit, et ils confondirent longtemps leurs soupirs et leurs larmes.

Longtemps, la pécheresse et le bandit demeurèrent ainsi, elle parlant de la bonté de Dieu et du ciel qui attendait ceux qui meurent repentants, lui écoutant avec une sorte d'extase.

Et quand trois coups frappés à la porte annoncèrent à Suzannah qu'elle devait enfin se retirer, Bulton paraissait transfiguré, une sorte de joie céleste rayonnait sur son visage, et il murmura :

— Maintenant je puis mourir!

. . . .

— Mais qui êtes-vous, et que lui avez-vous donc dit? demandait quelques minutes après sir Robert M..., qui venait de refermer le cachot. Ce n'est plus le même homme.

— Je suis une femme, répondit Suzannah d'une voix brisée, et j'ai su trouver le chemin de son cœur.

— Ah! madame... madame... disait la jeune fille au moment où elles sortirent de Newgate, c'est vous maintenant qui tremblez.

Suzannah ne répondit pas.

Mais comme elle remontait dans le cab, elle éclata en sanglots sous son voile noir.

Le sacrifice était accompli!

XXIV

On devine à présent quel était ce bruit qu'avait entendu John Colden durant toute la nuit et qui avait cessé subitement vers sept heures et demie du matin.

La foule avait envahi dès la veille au soir les alentours de Newgate, et l'échafaud avait été dressé devant Old Bailey à quatre heures.

A sept, Bulton avait expié ses crimes.

Il était mort avec calme, avec résignation, après avoir demandé pardon à Dieu et adressé à la foule quelques paroles touchantes.

Le bon sous-gouverneur de Newgate, sir Robert M..., qui était l'expansion même, n'avait pas manqué de proclamer que le repentir du condamné était l'œuvre d'une des dames des prisons, et la popularité de cette œuvre pieuse s'en était accrue.

Donc, Bulton avait été pendu le matin.

John Colden, après le départ du gardien qui était venu lui annoncer que l'heure de son jugement était arrivée, et qui avait refusé de lui donner aucune explication, John Colden avait deviné la vérité.

— Aujourd'hui c'était le tour de Bulton, s'était-il dit. Bientôt ce sera le mien.

L'Irlandais se leva avec résignation, s'habilla, prit, comme de coutume, son repas du matin et attendit que l'on vînt le chercher.

A dix heures précises, la porte de sa cellule se rouvrit.

Cette fois, sir Robert M... en personne se présenta.

— Allons, mon garçon, dit-il, un peu de courage. C'est le moment le plus dur. Le reste n'est rien.

— Je suis prêt à vous suivre, dit John Colden.

Derrière sir Robert il y avait un gardien qui portait sur un plateau un flacon et un verre.

— Prenez un verre de gin, ça réchauffe, dit encore le bon sous-gouverneur.

— Merci, répondit John Colden, je n'ai pas froid.

Et il marcha d'un pas ferme entre les policemen qui formaient la haie dans le corridor.

Il fallait passer devant le cachot des condamnés à mort.

La veille, John Colden entendait encore les hurlements furieux de Bulton.

Cette fois un silence profond régnait dans le corridor.

John Colden secoua la tête en passant et dit avec un sourire triste :

— Je crois bien que le pauvre Bulton est calmé.

— Et pour toujours, dit un policeman.

Cette fois John Colden fut fixé.

Pour se rendre à la Cour d'assises, il fallait d'abord traverser le préau et ensuite la Cage aux Oiseaux.

John leva les yeux et vit un lambeau d'azur au-dessus de sa tête, au milieu des nuages gris qui couraient dans le ciel.

Il aspira à pleins poumons une bouffée d'air libre et dit à sir Robert, qui marchait à côté de lui.

— Cela vaut mieux qu'un verre de gin.

Un des gardiens qui tenait la tête du triste cortége ouvrit la porte de la Cage aux Oiseaux.

John entra dans ce singulier passage et aperçut deux prisonniers qui étaient occupés à soulever une dalle.

— Qu'est-ce qu'ils font donc là? demanda-t-il à sir Robert M...

Mais le sous-gouverneur ne lui répondit pas et se borna à crier aux policemen :

— Mais marchez donc plus vite, vous autres!

John ne comprit pas pourquoi on soulevait cette dalle, mais il ne put se défendre d'une sorte de terreur vague.

La porte de la cour d'assises était grande ouverte.

C'est une salle assez ordinaire, et qui n'est pas très-grande.

Le public entre par une porte qui ouvre sur la rue de Newgate, les juges par une autre, l'accusé par une troisième, celle qui donne dans la Cage aux Oiseaux.

Les jurés étaient à leur banc, le juge sur son siége.

Derrière, il y avait une foule avide d'émotions, mais silencieuse et calme.

Le public anglais est partout le même, au théâtre ou à la cour de justice.

Jamais il n'a songé à troubler le bon ordre.

John, en s'asseyant à son banc, entre deux soldats, promena sur cette foule un regard indifférent.

Mais cependant il tressaillit tout à coup.

Parmi les curieux, il avait aperçu un gentleman qui se tenait au premier rang.

Ce personnage, qui était d'une tenue irréprochable et portait des lunettes vertes, John Colden l'avait reconnu sur-le-champ.

C'était l'homme gris.

Et le pauvre Irlandais se sentit plus de courage encore et il répondit avec un grand sang-froid à toutes les questions que lui fit le juge.

John Colden n'avait rien à nier.

On lui demanda si c'était bien lui qui avait enlevé le petit Irlandais, et il répondit affirmativement.

Quand on l'invita à nommer ses complices, il refusa, se bornant à dire que M. Whip, qu'il avait tué, avait favorisé l'évasion du prisonnier.

En vain le chef du jury, puis l'attorney général, essayèrent-ils de lui faire entrevoir une commutation de peine, s'il faisait des aveux, John Colden demeura muet.

La présence de l'homme gris soutenait son courage.

Un solicitor nommé d'office, car John Colden était trop pauvre pour payer un avocat, présenta sa défense avec calme et conviction.

Un moment même, l'orateur parvint à émouvoir l'auditoire à ce point que l'homme gris laissa percer une certaine inquiétude sur son visage.

Il avait pris des mesures sans doute pour arracher John Colden à l'échafaud, mais il n'avait pas prévu sa déportation.

Enfin les craintes de l'homme gris se dissipèrent.

Le jury, après une longue délibération, rendit un verdict affirmatif.

John Colden était coupable de meurtre avec préméditation.

Un des soldats assis auprès de l'accusé se pencha vers son compagnon, tandis que les jurés délibéraient et lui dit :

— Ça va faire deux pour commencer l'année.

John Colden l'entendit :

— Alors, dit-il en souriant, c'est donc bien vrai qu'on a pendu Bulton ce matin ?

— Sans doute, lui dit le soldat. N'avez-vous pas vu qu'on travaillait dans la Cage aux Oiseaux ?

Alors John se rappela les deux ouvriers qui soulevaient une dalle quand il avait passé.

— C'est donc là le cimetière des suppliciés dit-il.

— Oui.

— Ah ! fit John Colden avec indifférence.

Et il attendit son sort.

Les jurés avaient repris leurs places et le juge venait de se couvrir.

— Levez-vous, John Colden, dit celui-ci avec émotion.

John se leva.

Alors le juge lui donna lecture de la déclaration du jury et des articles de la loi qui correspondaient à cette déclaration.

Puis il prononça, avec une émotion croissante, la peine de mort.

John s'inclina.

— Vous serez pendu le jeudi 8 janvier, dit-il encore, à moins que vous n'ayez une objection sérieuse à présenter contre cette date.

— Aucune, répondit John Colden.

. . . .

Les débats, les plaidoiries et la réplique de l'attorney général avaient duré plusieurs heures.

Lorsque le condamné repassa dans la Cage aux Oiseaux, Bulton y dormait du dernier sommeil.

John tressaillit en voyant la dalle reposée et tout à l'entour un filet de plâtre blanc qui attestait que la tombe venait d'être scellée.

Puis il aperçut un B qu'on venait de graver sur le mur.

Alors il s'arrêta un moment sur la dalle voisine et, regardant sir Robert M... :

— C'est là que je serai, moi, n'est-ce pas? lui demanda-t-il.

Le sous-gouverneur ne répondit pas.

Seulement on aurait pu voir rouler une larme dans les yeux de cet homme qui riait toujours.

Et John Colden se remit en marche d'un pas ferme et la tête haute, murmurant :

— Mourir pour l'Irlande, ce n'est pas mourir c'est aller à Dieu!...

XXV

Cependant, plusieurs jours s'étaient écoulés, et l'heure fixée pour le supplice de John Colden s'avançait.

Encore quarante-huit heures, et l'échafaud qui s'était dressé pour Bulton se dresserait de nouveau pour John Colden.

Le peuple de Londres est comme celui de Paris.

Il est avide de ces lugubres tragédies qui n'ont d'autre rampe que les rayons blafards du petit jour.

Longtemps à l'avance, il s'occupe d'avoir une bonne place à ce spectacle de mort.

Plus favorisé que le peuple de Paris, qui s'en va quelquefois huit nuits de suite sur la place de la Roquette, celui de Londres sait l'heure et le jour, et ne se dérange pas inutilement.

Pendant les derniers jours qui précèdent l'exécution, le condamné devient le sujet de toutes les conversations, soit dans les tavernes et les public-houses, soit chez les pâtissiers et les marchands d'huîtres.

Au Wapping et dans White Chapel, on ne parle plus d'autre chose.

Le condamné, deux ou trois jours avant sa dernière heure, devient le lion du moment.

Ceux qui l'ont connu racontent sur lui une foule d'anecdotes, ceux qui ont eu le bonheur de pénétrer dans l'enceinte réservée au public, le jour de la cour d'assises, se complaisent à répéter les arguments de l'attorney général et la plaidoirie du solicitor, et le petit discours que le juge, en prononçant la peine de mort, a fait, les larmes aux yeux, au condamné.

En Angleterre, le pari est tellement dans les mœurs, que le moindre événement est un prétexte à gageures.

On engage donc des paris sur le jour de l'exécution, l'heure, la température du moment, le courage ou la faiblesse du condamné.

Mourra-t-il bien ou mal?

Telle est la question.

Un pari formidable s'était engagé là-dessus, au Blak-horse, le public-house fameux que nous connaissons, et dans la cave duquel trônait majestueusement mistress Brandy.

C'était le six janvier, et l'exécution devait avoir lieu le huit.

La cave du Cheval-Noir était pleine.

Les deux garçons de mistress Brandy ne suffisaient point à servir les chopes de bière, à verser le gin dans les verres et à préparer des sherry cobler pour les aristocrates de l'endroit, car il y a des aristocrates partout, même au Wapping.

Il y avait de tout ce soir-là, et disons-le tout de suite, les marins étaient en si grand nombre que les voleurs se trouvaient en minorité.

Parmi les premiers, on voyait Williams, ce matelot aux cheveux et aux favoris rouges que l'homme gris avait terrassé, quelques jours auparavant.

Williams avait retrouvé toute sa faconde, toute sa forfanterie insolente.

Pendant un jour ou deux, il s'était tenu tranquille, mais comme l'homme gris n'avait pas reparu au Blak-horse, Williams s'était senti plus à l'aise et sa nature querelleuse avait repris le dessus.

Parmi les voleurs, on voyait également une de nos anciennes connaissances, Jak, dit l'Oiseau-Bleu.

Et enfin, il y avait aussi des dames, et parmi elles, cette affreuse Betty, qui voulait accaparer l'amour de Williams et avait essayé d'arracher les yeux à la pauvre Irlandaise.

Comme Betty n'en était encore qu'à son onzième verre de gin, elle conservait une lueur de raison et causait presque comme un être humain.

— Mon petit Williams, disait-elle, mon chéri, mon amour, n'est-ce pas que tu me conduiras dans Old Bailey demain soir? Nous irons de bonne heure, et nous arriverons les premiers.

Williams haussa les épaules :

— Cela ne m'amuse guère, moi, dit-il, d'attendre toute la nuit pour voir pendre.

— Il y a en face de la porte de Newgate un public-house où nous pourrons boire.

— Mais où tu ne verras rien, ricana le matelot.

— Par exemple! dit Betty.

— Non, tu ne verras rien, répéta Williams, car lorsque l'heure de l'exécution viendra, tu seras ivre morte.

On se mit à rire.

— Une belle chose, en vérité! continua Williams, d'un ton dédaigneux, que de voir un homme déjà mort de peur.

— Qui a dit cela? exclama une voix.

C'était la voix de l'Oiseau-Bleu qui s'était levé.

— Moi, dit Williams.

— Tu dis que John Colden sera déjà mort de peur?

— Oui.

— Je parie qu'il mourra bien, moi.

— Que paries-tu?

— Comme je suis sûr de gagner, je parie ce qu'on voudra.

— Une livre! dit Williams qui avait touché sa prime d'embarquement le matin même.

— Une livre? exclama-t-on de toute part, Williams parie une livre!

— Je la tiens, dit l'Oiseau-Bleu.

— Tu es donc riche? lui dit une femme à mi-voix.

— Je n'ai plus un penny, répondit Jak, mais je trouverai à dévaliser un cokney, ce soir ou demain.

— Moi, dit Williams, je propose de confier les enjeux à mistress Brandy.

— Non, dit Jak.

— Mais si, fit une autre voix. Hé! l'Oiseau-Bleu, je suis de moitié, si tu veux, et je dépose la guinée.

Celui qui venait de parler ainsi, n'était autre que ce rough déguenillé qui avait vu, quelques jours auparavant, Shoking, devenu lord Vilmot, descendre de voiture à la porte de Jefferies, le valet de Calcraff.

Et il jeta une guinée toute neuve sur le comptoir.

— De l'or! s'écria Jak, tu as de l'or, toi?

— Pourquoi pas!

Et le rough, prenant un air mystérieux :

— Williams, dit-il, je vous fais un autre pari.

— Lequel?

— Que nous avons bu et trinqué pendant tout l'hiver avec un membre du Parlement, sans nous en douter.

— Tu es ivre, dit Williams.

— Je crois plutôt qu'il est fou, ajouta l'Oiseau-Bleu.

— Ni l'un, ni l'autre, dit froidement le rough.

— Un membre du Parlement?

— Oui.

— Et où donc ça avons-nous bu avec lui?

— Ici.

Ce fut un éclat de rire général.

Il est même venu tous les soirs pendant plusieurs mois, continua le rough.

— Tu te moques de nous!

— Et c'était un bon compagnon, je vous jure?

Williams continuait à hausser les épaules.

— Comment donc s'appelait-il, ce membre du Parlement? demanda Jak en riant.

— Lord Vilmot.

— Connais pas! dit Williams.

— Ni moi, fit Jak.

— Ni personne, dit Betty, qui buvait son douzième verre de gin.

— Mais il avait pour nous un autre nom, fit le rough.

— Ah!

— Il s'appelait Shoking.

Cette fois l'éclat de rire devint gigantesque.

— Shoking, un lord! dit Jak.

— Shoking, membre du Parlement, fit Williams.

— Shoking! ah! Shoking! dit Betty, je me le rappelle... il couchait à la work'house de Mill en road.

Williams serra les poings.

— Je suis bon garçon, dit-il, mais je n'aime pas qu'on se moque de moi.

— Je ne me moque de personne.

— Et je vais te boxer, si tu ne nous fais des excuses à tous, continua l'irascible matelot.

— Des excuses ! et pourquoi ? fit le rough, qui serra les poings pareillement et s'apprêta à se défendre.

— Voilà Williams bien fier, dit ironiquement l'Oiseau-Bleu. On voit bien que l'homme gris n'est pas ici.

Williams entendit ce propos.

— Si tu parles de l'homme gris, dit Williams, qui laissa le rough tranquille et s'avança vers l'Oiseau-Bleu, je t'assomme.

Mais comme il levait le poing, un nouveau personnage apparut en haut des marches de l'escalier qui descendait dans la cave, et une pâleur mortelle couvrit aussitôt le visage du querelleur Williams.

Ce personnage qui se montrait ainsi tout à coup, c'était l'homme gris.

L'homme gris qu'on n'avait pas revu depuis le jour où il avait terrassé Williams.

Et Williams se prit à frissonner.

XXVI

Le peuple aura toujours le respect de la force brutale.

L'apparition de l'homme gris fut saluée par des hurrahs et par des acclamations :

On se souvenait qu'il avait vaincu Williams le terrible et le féroce; et il était juste qu'on lui payât un petit tribut d'admiration.

— Vive l'homme gris! s'écria-t-on de toute part.

— Voilà que Williams a peur, dit Jak, l'Oiseau-Bleu.

Williams serrait les poings et avait pris une pose de défense.

Mais l'homme gris vint à lui et lui tendit la main :

— Est-ce que lorsque deux hommes de cœur se sont battus, dit-il, ils ne deviennent pas amis?

Williams respira, et il prit la main qu'on lui tendait.

Jamais, autrefois, l'homme gris ne parlait à personne, si ce n'est à Shoking.

Mais ce soir-là il fut plus expansif.

— Hé! mes amis, dit-il, je crois qu'on se disputait ici?

— Mais non, répondit l'Oiseau-Bleu. C'était John qui nous racontait une histoire que personne ne voulait croire.

— Et... cette histoire?...

Le rough ne se fit pas prier.

— Je disais moi, fit-il, que Shoking était un lord et un membre du Parlement.

— Shoking?

— Vous le connaissez bien, dit l'Oiseau-Bleu.

— Sans doute, je le connais.

— Eh bien! convenez que ce que dit John n'a pas l'ombre du sens commun.

— Je ne suis pas de votre avis, dit froidement l'homme gris.

Cette réponse produisit une certaine sensation.

— Et, ajouta-t-il, John a raison.

— Comment! s'écria l'Oiseau-Bleu, Shoking est un lord?

— Oui. Seulement, il est fâcheux que John ait parlé.

— Pourquoi?

— Parce que le noble lord ne viendra plus ici, maintenant qu'on sait qui il est.

L'homme gris parlait avec un tel accent de conviction que personne n'osa plus mettre en doute l'opinion émise par le rough.

Celui-ci était triomphant.

— Puisqu'il en est ainsi, dit Williams, je te fais mes excuses, mon garçon.

Et, à son tour, il lui tendit la main, ajoutant :

— Veux-tu boire avec moi ?

— Volontiers, dit le rough.

— Et vous, camarade ?

Il s'adressait à l'homme gris.

— Je ne demande pas mieux, répondit celui-ci.

Et tous trois s'attablèrent.

— Puisque tu voulais m'assommer tout à l'heure, dit à son tour l'Oiseau-Bleu, il me semble que tu pourrais bien m'offrir un verre de gin.

— Fi donc ! dit Williams, j'offre du porto.

— Ce Williams, cria Betty, qui en était à son quatorzième verre, il va boire sa prime en deux jours.

— Tais-toi, ou je te poche un œil, répliqua brutalement Williams.

— Vous n'êtes pas galant, camarade, dit l'homme gris d'un ton de reproche.

— Elle m'ennuie, dit Williams.

— Tu auras ton verre de porto, dit l'homme gris : assieds-toi là, mignonne.

Et l'horrible créature prit pareillement place à la table de Williams.

Ce dernier commençait à être ivre.

Betty s'assit sur ses genoux, et il ne la repoussa point.

L'homme gris se pencha à l'oreille du rough.

— C'est pour toi que je viens ici, dit-il.

— Pour moi? fit le rough en tressaillant.

— Oui.

— Vous me connaissez donc?

— Moi, non ; mais lord Vilmot te connaît...

— Je le crois bien, fit le rough avec orgueil.

— Et il m'a chargé d'une commission pour toi.

— Ah! vraiment?

— Où demeures-tu?

— A deux pas d'ici, dans Well close square.

— Au numéro 17, n'est-ce pas?

— Justement.

— Il y a un marchand de tabac au rez-de-chaussée de la maison?

— Oui.

— Et des femmes au second étage?

— C'est bien cela. Parmi les femmes dont vous

parlez, il y a précisément Betty. Mais elle ne rentre jamais chez elle avant le jour.

— Quand elle rentre, dit l'homme gris en souriant, car elle doit souvent cuver son ivresse dans le ruisseau.

Le rough eut un clignement d'yeux affirmatif.

L'homme gris poursuivit :

— La maison a trois étages : tu demeures au troisième, les femmes au second ; mais qui demeure au premier ?

Le rough tressaillit.

Puis il se prit à sourire :

— Est-ce que vous ne le savez pas ? fit-il.

— Non... ou plutôt... je tiens à ce que tu me le dises.

— Eh bien ! c'est Calcraff.

— Le bourreau de Londres ?

— Oui.

— Voilà justement pourquoi Shoking m'envoie ici, car, ajouta l'homme gris, s'il faut tout te dire, je suis un peu au service de Sa Seigneurie lord Vilmot ; moi seul ici je savais qui il était.

— Et Sa Seigneurie vous envoie pour me parler ?

— Oui.

— Que désire-t-elle ?

L'homme gris et le rough causaient tout bas, et personne ne pouvait les entendre.

D'ailleurs Jak l'Oiseau-Bleu, Betty et Williams achevaient de se griser et ne regardaient que leurs verres.

— Tu penses bien, reprit l'homme gris, s'adressant toujours au rough, qu'un lord, membre du Parlement, qui s'en vient passer ses soirées au Black-horse, est un lord excentrique.

— Certainement, dit le rough.

— Et un lord excentrique a des caprices étranges.

— Bon !

— Pour le quart d'heure, lord Vilmot a une fantaisie qui lui trotte par la cervelle.

— Laquelle?

— Il voudrait avoir de la corde de pendu.

— En vérité !

— Il prétend que la corde de pendu porte bonheur, et qu'il a des sommes très-fortes engagées aux prochaines courses d'Epsom.

— Je commence à comprendre, dit le rough. Il vous a chargé d'aller en demander à Calcraff.

— Oui et non.

— Comment cela?

— Il m'a chargé de te voir d'abord.

— Et puis ?

— Et de t'offrir dix guinées, si tu veux m'installer cette nuit dans la chambre de Betty.

— Après ?

— Quand nous serons là, je te dirai ce qu'il y a à faire, mais voilà mon idée à moi.

— Voyons ?

— Nous allons achever de griser Betty, nous l'emmènerons dehors, et quand nous l'aurons couchée ivre morte dans le ruisseau, tu lui prendras dans sa poche la clef de sa chambre.

— Et Williams ?

— Il s'est réconcilié avec elle, c'est vrai, dit l'homme gris en souriant, mais nous n'avons rien à craindre de lui. Encore une bouteille de porto, et il va rouler sous la table.

— Je le crois.

Alors l'homme gris éleva la voix :

— Hé ! mistress Brandy, dit-il, envoyez-nous donc deux autres bouteilles de porto : c'est moi qui paye !...

— Non, non, c'est moi.... balbutia Williams d'une voix épaissie par l'ivresse, c'est moi, toujours moi !...

Et il jeta une deuxième guinée sur la table.

XXVII

On apporta les deux autres bouteilles de porto.

Ce fut un véritable scandale.

Dans la cave du Blak-horse, on buvait de l'ale, du porter et du gin, mais jamais le vin de Porto n'y avait coulé aussi abondamment.

Ceux qui n'étaient point admis à la table de Williams se prirent à murmurer.

D'autres se mirent à rire.

Quelques-uns prétendirent tout bas que si Shoking était un lord, l'homme gris pouvait bien en être un autre, et deux voleurs qui sortaient de Mill Bank et n'avaient pas encore d'ouvrage se disaient qu'il y avait peut-être un coup à faire, en le suivant, s'il s'en allait seul de la cave du Cheval-Noir.

Pendant ce temps, Williams buvait toujours et racontait ses campagnes.

L'homme gris et le rough avait échangé un regard et n'avaient plus qu'à attendre.

A mesure qu'il parlait, la langue de Williams s'épaississait et ses yeux clignotaient.

Ce qui ne l'empêchait pas d'interrompre de temps en temps son bredouillement, pour dire à Betty :

— Ne bois donc pas tant, tu vas être ivre morte.

Ce qui faisait rire Jak, dit l'Oiseau-Bleu.

Ce dernier, du reste, savait ce qu'était l'homme gris, il l'avait vu à l'œuvre dans le Brook street.

Mais il se gardait bien d'en souffler mot et de paraître avoir rencontré l'homme gris ailleurs que dans la taverne du Blak-horse.

Williams, à force de prédire à Betty qu'elle roulerait sous la table, lui donna l'exemple.

Son verre, encore plein, lui échappa des mains, et il se laissa glisser de son escabeau sur le sol en grommelant :

— J'ai mon compte.

Betty, en épouse dévouée, se baissa et lui mit un banc sous la tête, en guise d'oreiller.

Puis elle se leva et dit :

— Il fait trop chaud ici. Sortons !

— J'allais te le proposer, dit galamment l'homme gris.

Betty le regarda.

— C'est pourtant toi, dit-elle, qui as battu Williams?

— Oui.

— Tu es donc bien fort?

Et elle eut un accent d'admiration.

— Peuh! fit modestement l'homme gris.

Betty reprit :

— Alors, si tu étais mon homme, tu me défendrais?

— Certainement.

— Veux-tu être mon homme?

— Chut! dit l'homme gris, qui se prit à sourire à l'ignoble créature, nous causerons de tout cela en haut.

— Tu veux donc t'en aller d'ici?

— N'as-tu pas dit qu'il faisait trop chaud?

— C'est juste. Eh bien! allons!...

L'homme gris fit un signe d'adieu à Jak, l'Oiseau-Bleu, et se leva.

Betty, trébuchante, s'appuya sur son bras.

Le rough sortit avec eux.

Tous trois remontèrent les marches de l'escalier, arrivèrent dans la rue, et le rough dit :

— Je sais un endroit où il y a de fameuse ale.

— Et où cela? demanda Betty.

— A deux pas, dans Well close square.

— Allons-y dit-elle. J'ai mis dans mon idée

que l'homme gris m'aimerait. N'est-ce pas, tu m'aimeras, mon mignon?

— Certainement, répondit l'homme gris. Seulement, tiens-toi un peu plus droite.

— Est-ce que je marche de travers?

— Oui, un peu.

— Alors c'est que je songe à Williams, qui m'a trahie... Aussi, je me... vengerai...

Elle était de plus en plus lourde au bras de l'homme gris.

Ils avaient enfilé la ruelle dans laquelle s'ouvre le bal Wilson et ils se trouvaient maintenant au seuil de Well close square.

Betty fit un faux pas et se redressa avec peine.

— C'est drôle, dit-elle, il me semble que j'ai des fourmis dans les jambes.

— Tu as besoin du grand air, dit l'homme gris.

— Nous y sommes, au grand air.

— Veux-tu t'asseoir là?

Et l'homme gris la poussa sur un banc qui était dans le square.

Betty ne se défendit plus : elle s'assit, continuant à regarder l'homme gris et lui disant :

— Tu me plais... du moment que tu as battu Williams... tu seras mon homme, pas vrai?

Elle parlait maintenant d'une voix assourdie

par l'ivresse et ses yeux ne demeuraient ouverts qu'à force de volonté.

L'homme gris et le rough échangèrent un nouveau regard.

Betty bredouillait de plus en plus :

— Ah! disait-elle, voilà que les fourmis me montent des jambes à l'estomac. Bon! il me semble que j'en ai sur la tête...

Et elle se coucha tout de son long sur le banc.

C'était le coup de grâce de l'ivresse.

Ses yeux se fermèrent, et quelques secondes après l'homme gris et son compagnon entendirent un ronflement sonore.

— Bon! voilà le moment, dit l'homme gris.

— Faut-il prendre la clef?

— Oui.

Le rough, qui était voleur et pick-pocket à ses heures, fouilla Betty adroitement et lui enleva la clef de sa chambre.

Puis tous deux la laissèrent dormir sur le banc et se dirigèrent vers la maison où logeait Calcraff.

Mais quand ils furent sous les fenêtres, l'homme gris s'arrêta :

— Un instant, dit-il : puisque tu habites la maison, tu dois la connaître parfaitement.

— Sans doute, répondit le rough.

— As-tu jamais pénétré chez Calcraff?

— Une fois.

— Comment cela?

— Il y avait le feu chez lui et j'ai aidé à l'éteindre.

— Fort bien.

— Ce qui fait que je me suis promené par tout son logis. C'est fort curieux.

— Est-ce qu'il est seul au premier étage?

— Tout seul avec sa servante.

— Va toujours. Il y a trois fenêtres; combien de pièces?

— Trois. Voyez-vous celle qui est éclairée?

— Oui.

— C'est sa chambre. La fenêtre du milieu est celle de son laboratoire.

C'est là qu'il fait des expériences sur les pendus, quand on lui permet d'emporter le corps. Il est un peu chirurgien, dit-on.

C'est là, continua le rough, qu'il a tous ses instruments, depuis les fers à marquer jusqu'aux cordes.

L'homme gris suivait attentivement les détails de cette description sommaire.

Et levant les yeux vers le deuxième étage :

— Où est la chambre de Betty? demanda-t-il.

— A la fenêtre du milieu.

— Par conséquent, cette chambre est au-dessus du laboratoire de Calcraff?

— Oui, justement.

— C'est là ce que je voulais savoir. Allons maintenant.

Et il prit le rough par le bras et ils enfilèrent l'allée humide et noire de la maison, marchant sur la pointe du pied.

L'homme gris murmura :

— Mon plan est fait...

— Pour avoir la corde de pendu?

— Oui.

Le rough montait l'escalier le premier, et quand il eut ouvert la porte de la chambre de Betty :

— Mais je ne sais vraiment pas, dit-il, comment vous ferez pour pénétrer chez Calcraff.

— Tu vas voir.

Ils entrèrent dans la chambre, laquelle était plongée dans l'obscurité.

— Ferme la porte et donne un tour de clef, ordonna l'homme gris.

En même temps, il tira de sa poche un petit outil en deux morceaux qu'il se mit à ajuster.

Pendant ce temps, le rough s'était procuré de

la lumière et regardait l'homme gris avec étonnement.

XXVIII

L'objet que l'homme gris avait tiré de sa poche en deux morceaux, qu'il s'empressait de réunir, était un outil des plus vulgaires, un tarière.

En démontant le manche, il avait pu le cacher sous ses vêtements.

A Londres, où toutes les maisons sont de construction légère, les planchers sont en bois et n'ont pas grande épaisseur.

— Que faites-vous donc? demanda le rough, qui vit l'homme gris s'agenouiller et appuyer sa tarière sur le plancher.

— Tu le vois, je perce un trou.

— Pourquoi faire?

— Pour voir ce qui se passe en bas.

Et, en effet, la tarière mordit le bois et s'enfonça sans bruit et lentement dans le plancher.

Ce fut l'affaire de quelques minutes.

Au bout de ce temps, le plancher était à jour.

Alors l'homme gris retira sa tarière et commanda à John de souffler la chandelle.

La pièce de dessous, le laboratoire, était plongée dans l'obscurité; mais un filet de lumière qui passait sous la porte de la pièce voisine et venait mourir sur le parquet, juste au-dessous du trou percé par l'homme gris, attestait que Calcraff ne dormait pas.

L'homme gris qui s'était couché à plat-ventre pour appliquer son œil au trou, vit ce filet de lumière et dit :

— Calcraff ne dort pas encore, il faut attendre.

— Je ne vois pas trop pourquoi vous avez percé ce trou? fit le rough. Il est trop petit pour y passer autre chose que le doigt.

— Oui, mais il est assez grand pour nous servir de judas.

— Je comprends encore moins pourquoi vous m'avez fait souffler la chandelle.

— C'est bien simple pourtant. Suppose que la chandelle soit allumée.

— Bon!

— Que Calcraff sorte de sa chambre et vienne dans son laboratoire.

— Eh bien?

— Et qu'il lève les yeux. La lumière nous trahira en lui montrant le trou.

— Ah! c'est juste, dit le rough, je ne pensais pas à cela.

— Maintenant, reprit l'homme gris à voix basse, en attendant qu'il éteigne sa lampe et qu'il dorme, causons.

— Soit, dit le rough à voix basse.

— Lord Vilmot, Shoking, si tu l'aimes mieux, est fort curieux de tout ce qui précède ou suit une exécution.

— Ah! vraiment?

— Il donnerait beaucoup d'argent pour savoir ce que fait Calcraff ordinairement.

— Je puis vous le dire, moi, fit le rough.

— Eh bien! va, je t'écoute.

En temps ordinaire, c'est-à-dire quand sa besogne chôme, Calcraff se lève de bonne heure.

— Fort bien.

— Une vieille femme, qui lui sert de servante, lui fait à déjeuner.

Il mange et s'en va.

— Sais-tu où?

— Il se promène tantôt dans les docks, tantôt dans les beaux quartiers du West-End, où il est moins connu de vue et où il n'a pas peur que les enfants le poursuivent en le huant.

Il lunch dans la première taverne venue, va

prendre son repas du soir, tout seul, un peu partout, boit deux ou trois chopes de bière et rentre chez lui.

Jamais il ne parle à personne.

— Et lorsqu'il a une exécution à faire?

— Alors ses habitudes sont un peu changées.

— Comment cela?

— La veille au matin, Jefferies, son valet, arrive au petit jour, et Calcraff lui donne ses ordres.

C'est Jefferies qui s'occupe de faire dresser l'échafaud pendant la nuit; c'est lui qui emporte la corde et le bonnet noir. Calcraff ne touche à rien jusqu'au dernier moment.

Il passe la journée hors de chez lui, comme à l'ordinaire, mais les gens qui l'ont vue luncher assurent qu'il ne boit que de l'eau.

Au lieu de rentrer tard, comme à l'ordinaire, il revient chez lui à la nuit tombante et se couche aussitôt.

— Sans avoir soupé?

— Sans avoir soupé, car il paraît qu'il n'a le courage de remplir son triste métier qu'à la condition d'avoir l'estomac libre et la tête calme.

A deux heures du matin, il se relève, s'habille et boit une tasse de lait.

Puis il s'enveloppe dans son waterproof et s'en va à Newgate attendre l'heure de l'exécution.

— Tout cela est parfait, dit l'homme gris, mais je voudrais bien savoir ce que Jefferies et lui se disent quand le valet vient recevoir les ordres du maître, et pour cela, il faut que je reste ici. Mais toi, tu peux t'en aller.

En même temps, l'homme gris tira de sa poche une dizaine de guinées et les mit dans la main du rough, frémissant à ce contact.

— Mais, dit celui-ci, vous oubliez une chose.
— Laquelle?
— La corde de pendu.
— Ne t'inquiète pas de cela, j'en aurai. Prends ton argent et va te coucher.

Le rough ne se le fit pas répéter.

L'homme gris l'accompagna jusqu'à la porte, et quand il fut sorti, il s'enferma.

Puis il revint auprès du trou qu'il avait percé, se pencha de nouveau et regarda.

Le filet de lumière avait disparu.

Calcraff avait éteint sa lampe, et il dormait, car un ronflement sonore se faisait entendre de l'autre côté de la porte du laboratoire.

Alors l'homme gris tira de sa poche deux autres

objets qui eussent bien plus encore excité la curiosité de John le rough s'il eût été encore là.

C'était d'abord une petite boule de cuivre de la grosseur d'une bille à jouer, suspendue à un long fil de laiton.

Elle était du calibre de la tarière, et, par conséquent, elle passa librement à travers le trou du plancher et, dévelopant le fil de laiton, l'homme gris la laissa descendre jusqu'au sol du laboratoire.

Le second objet qu'il plaça auprès du trou et dans lequel il incrusta le bout du fil de laiton était une petite boîte en métal de dix pouces de longueur.

Cette boîte se trouvait donc en contact, à travers le plancher, par le fil de laiton, avec la petite boule qui était descendue dans le laboratoire.

Alors l'homme gris tourna une petite vis qui se trouvait sur la surface supérieure de la boîte.

Soudain un crépitement se fit, suivi de myriades d'étincelles et la petite boule de cuivre flamboya, représentant sur sa surface tout ce que le laboratoire renfermait.

C'était un appareil à lumière électrique que l'homme gris venait de mettre en activité; et le laboratoire, inondé par une clarté bleuâtre, se refléta tout entier sur la petite boule de cuivre et l'homme gris put en examiner en détail les moindres objets.

— A présent, dit-il, je sais ce que je voulais savoir, et je vais attendre Jefferies.

Il tourna la vis de la petite boîte en sens inverse et la lumière s'éteignit.

Puis il retira la boule de cuivre et le fil de laiton, remit le tout dans sa poche et, s'allongeant sur le parquet et se roulant dans son manteau, il attendit le point du jour.

. . . .

Pendant ce temps, Betty dormait toujours sur le banc de Well close square et rêvait qu'elle était la femme de l'homme gris, le gaillard assez robuste pour avoir battu Williams le terrible.

XXIX

Le lendemain, vers huit heures du matin, les misérables habitants de Well close square virent Jefferies sortir de chez Calcraff.

Il emportait un paquet enveloppé de serge verte.

— Ah! ah! dirent quelques-uns, c'est toujours pour demain, à ce qu'il paraît.

Il y avait un groupe de roughs à la porte du public-house qui occupait le rez-de-chaussée de la maison habitée par le bourreau.

— Quoi donc qui est pour demain? demanda une balayeuse qui se réconfortait d'un verre de gin.

— L'exécution de John Colden, répondit un jeune homme, ne voyez vous pas Jefferies qui passe?

— Hé! Jefferies? cria la balayeuse.

Le valet du bourreau s'arrêta.

— Venez donc boire un verre de gin avec nous, si vous n'êtes pas trop fier, reprit cette femme qui était jeune et ne manquait pas de beauté sous ses haillons.

— Quelle drôle d'idée de vouloir boire avec Jefferies! dit un autre rough.

— C'est mon idée. Qu'est-ce que cela vous fait?

Jefferies s'était arrêté hésitant.

— Allons, vieux, dit un des hommes qui se trouvaient sur le seuil du public-house, est-ce que vous allez nous refuser?

— Non, dit Jefferies.

Et il s'approcha et porta la main à son bonnet.

Jefferies était fort pâle et ses yeux rouges disaient qu'il avait pleuré.

Un rough qui demeurait dans Parmington street lui dit :

— Comment va ta fille ?

— Mal, dit Jefferies d'une voix étouffée. Elle est chez un lord qui m'avait promis de la guérir, mais je n'y crois guère. Hier elle était plus faible encore que de coutume.

Et deux larmes tombèrent des yeux de Jefferies et roulèrent lentement sur ses joues creuses.

— C'est donc pour demain ? fit la balayeuse.

Jefferies tressaillit.

— Oui, c'est pour demain, dit-il.

— La corde est là-dedans, n'est-ce pas ?

Et la jeune femme toucha le paquet.

Jefferies se recula vivement.

— N'y touchez pas, dit-il, n'y touchez pas !...

— Pourquoi

— Cela porte malheur.

— Ah ! mais non, je n'ai jamais entendu dire ça, au contraire, reprit la balayeuse. De la corde de pendu ! c'est de la réussite.

— Pas quand elle est neuve, dit Jefferies.

— Elle est donc neuve ?

— Oui, l'autre était usée ; John Colden est un solide gaillard à ce qu'on dit. Il ne faut pas que la corde casse.

— Hé! Jefferies, dit un rough, tu parles bien à ton aise de la mort d'un homme.

— L'habitude, fit un autre.

— Et puis, dit la balayeuse, il faut bien gagner sa vie.

Jefferies était fort pâle, et ce fut d'une main fiévreuse qu'il porta à ses lèvres le verre de gin que le land lord lui versa.

La balayeuse reprit :

— Tu ferais bien grâce à John Colden si on te promettait la vie de ta fille, hein ?

Le malheureux devint livide.

— Ah! je crois bien, fit-il ; mais serait-ce possible? Ce n'est pas moi qui pends, c'est Calcraff.

— Et puis, dit un des buveurs, Calcraff n'est qu'un instrument. Quand il refuserait de pendre John Colden, ça n'y ferait pas grand'chose, on ferait venir le bourreau de Manchester ou de Liverpool.

— C'est encore vrai.

— Nous tuons, dit tristement Jefferies, mais nous n'avons pas le droit de faire grâce.

Et il reposa le verre sur le comptoir et se sauva

à toutes jambes, tandis que la balayeuse disait :

— J'ai touché la corde de pendu, c'est toujours ça.

Jefferies marchait d'un pas inégal et saccadé, tantôt rapide, tantôt lent.

Il se parlait à lui-même, et le nom de Jérémiah venait sans cesse à ses lèvres.

C'est que le malheureux père, qui avait vu sa fille la veille au soir, l'avait trouvée plus pâle, plus défaillante encore que de coutume, et malgré l'assurance de lord Vilmot et de ce médecin inconnu qui répondait de la sauver, il était parti la mort dans l'âme.

Comme il rentrait chez lui, le landlord du public-house voisin, chez lequel il allait boire quelquefois, l'avait appelé et lui avait dit :

— Calcraff est venu.

— Oh! s'était écrié Jefferies, je ne sais plus comment je vis, je sais pourquoi!

— Il vous attend demain matin.

Jefferies était monté chez lui et s'était couché.

Le lendemain matin, après une nuit d'insomnie pendant laquelle il n'avait cessé de balbutier le nom de son enfant, Jefferies s'était habillé à la hâte et avait couru chez Calcraff.

Calcraff lui avait dit :

— C'est pour demain. Prends les outils et veille à ce que tout soit prêt.

Puis il lui avait remis une corde neuve, ainsi que les crochets destinés à la fixer, et le bonnet de laine noire qui devait recouvrir la tête du condamné au moment suprême.

Puis il lui avait dit encore :

— Comment va ta fille ?

Jefferies n'avait pas répondu, et quand il était sorti de chez Calcraff et que les roughs du public-house l'avaient appelé, ils avaient pu voir comme il était pâle et anéanti.

Donc Jefferies s'en alla.

Il revint dans Parmington street et monta chez lui la corde, le bonnet noir et les crochets.

Puis il redescendit et sauta dans un cab.

Jefferies n'était pas assez riche pour aller autrement qu'à pied, sauf lorsqu'il s'agissait du service de l'État.

Ces jours-là, le bourreau et son aide avaient une indemnité de voiture pour aller prévenir les gardiens des bois de justice.

En France, le bourreau a l'échafaud démonté dans sa maison.

En Angleterre, les bois de justice sont confiés à

deux sous-aides qui logent dans un quartier éloigné.

Ces deux hommes ont pour mission de dresser l'échafaud, qu'ils apportent démonté, pendant la nuit, sur une petite charrette traînée par un vieux cheval.

Il occupait une maison dans Mill en road, dans l'extrême East-End, tout à côté d'un cimetière.

Ce fut donc à Mill en road que Jefferies se fit conduire.

Puis, quand il eut transmis les ordres de Calcraff, au lieu de revenir dans Parmington-street, il pria le cocher de le conduire dans Hampsteadt.

Mais il le fit arrêter au bas de Heath mount, le paya et le renvoya.

Ensuite il continua son chemin à pied, et, à mesure qu'il avançait, sa marche devenait plus lente, plus irrégulière, et, malgré lui, il s'arrêtait, comme si les forces lui eussent manqué tout à coup.

C'est que chaque fois qu'il franchissait la grille de ce joli cottage où était sa fille, son cœur cessait de battre, et il s'attendait à quelque nouvelle sinistre.

Cette fois encore, il s'arrêta à dix pas de la

grille et s'assit sur une borne, attachant un œil anxieux sur la maison où tout paraissait tranquille.

Enfin, une fenêtre s'ouvrit.

Et, à cette fenêtre, Jefferies vit apparaître l'homme gris.

Celui-ci le salua de la main et lui cria :

— Ça va mieux!

Le cœur de Jefferies retrouva ses pulsations.

En deux bonds il traversa la rue et arriva tout affolé dans le jardin.

L'homme gris était descendu et venait à sa rencontre.

— Mon ami, lui dit-il, hier je pouvais douter encore; aujourd'hui je ne doute plus, et il dépend de vous que votre fille vive !

— De moi! exclama Jefferies frémissant.

— De vous, répéta l'homme gris.

Et il prit le valet du bourreau par le bras et le fit entrer dans la maison.

XXX

Comment la vie de Jérémiah pouvait-elle dépendre de Jefferies?

Pour le comprendre, il faut nous reporter à une heure plus tôt et pénétrer dans cette chambre aux murs enduits de goudron, dans laquelle Jérémiah avait été transportée une douzaine de jours auparavant.

Trois personnes s'y trouvaient réunies et causaient à voix basse.

Il était à peine jour au dehors, et une veilleuse brûlait encore sur la cheminée.

Jérémiah dormait.

La jeune fille était fort pâle, mais son sommeil était régulier, et on n'entendait plus retentir cette respiration sifflante des premiers jours.

Les trois personnes qui causaient tout bas au pied du lit étaient Suzannah l'Irlandaise, l'abbé Samuel et Shoking.

Shoking disait :

— Ce pauvre Jefferies s'en est allé bien triste hier.

— Il est vrai, répondit l'abbé Samuel, que la malade, qui semblait renaître à la vie depuis quelques jours, est retombée hier soir.

— Hélas! soupira Suzannah, je crois bien que le mal est sans remède.

— Oh! non, dit Shoking, l'homme gris a promis de la sauver, et il la sauvera.

L'abbé Samuel ne répondit rien.

— Avez-vous remarqué, dit Shoking, que chaque matin, jusqu'avant-hier, l'homme gris allumait un réchaud, sur les charbons ardents duquel il répandait une poudre brune, laquelle se dégageait aussitôt en une fumée épaisse qui remplissait la chambre et exhalait une odeur âpre?

— Oui, dit Suzannah.

— Et lorsque Jérémiah avait respiré cette odeur, elle se sentait soulagée sur-le-champ, l'oppression disparaissait et de belles couleurs roses revenaient à ses joues.

— Tout cela est vrai, dit Suzannah.

— Hier matin, continua Shoking, l'homme gris n'a point recommencé : pourquoi?

— Je l'ignore, dirent à la fois l'abbé Samuel et Suzannah.

— Je le sais, moi, dit Shoking.

— Ah !

— Mais, attendez. Jusqu'à hier, quand Jefferies venait, il voyait sa fille allant mieux et l'espoir lui revenait au cœur, et il pleurait de joie, le pauvre homme.

— Oui, dit Suzannah, mais hier il est parti la mort dans le cœur.

— C'est que le mal paraissait avoir repris tout son empire.

C'est l'homme gris qui l'a voulu ainsi.

— Mais pourquoi? demanda encore Suzannah.

— Parce que l'homme gris a son projet. Mais chut !

Et Shoking, à l'oreille de qui un bruit extérieur était venu mourir, Shoking se leva et s'approcha de la croisée.

Une voiture venait de s'arrêter devant la grille et de cette voiture descendait l'homme gris, enveloppé dans un large manteau qui le couvrait de la tête aux pieds.

Shoking courut à sa rencontre et lui prit le manteau, lorsque l'homme gris, l'ayant ouvert lui apparut dans cet humble costume qu'on lui voyait le soir à la taverne du Cheval-Noir.

Shoking lui prit la main et lui dit avec émotion :

— Maître ! maître ! venez vite, la pauvre petite est bien mal.

L'homme gris le suivit sans mot dire.

Il entra dans la chambre où Jérémiah dormait toujours.

— Voyez comme elle est pâle dit Shoking.

— Comme ses pauvres lèvres sont décolorées, ajouta Suzannah.

L'homme gris demeura impassible.

Alors il se tourna vers l'abbé Samuel et lui dit :

— Je la guérirai, si je le veux.

— Ah! vous le voudrez, n'est-ce pas? s'écrièrent à la fois le prêtre, la femme et le mendiant.

— Peut-être... cela dépendra de Jefferies, attendons qu'il vienne.

— Je comprends, murmura Shoking, c'est un échange d'existences qu'il va lui proposer.

Une heure après, Jefferies arrivait et nous avons vu l'homme gris aller à sa rencontre et lui dire :

— La guérison de votre fille dépend de vous.

Il l'entraîna stupéfait dans la chambre de la malade.

Voyant sa fille immobile, Jefferies chancela et crut qu'elle était morte.

Mais le sourire n'avait point abandonné les lèvres de l'homme gris.

— Elle dort, dit-il, et, je le répète, sa vie est entre vos mains.

— Ah! dit Jefferies tombant à genoux, que puis-je donc faire pour sauver mon enfant?

— Je te le dirai tout à l'heure.

Alors il se tourna vers Shoking et lui dit :

— Viens avec moi.

Shoking le suivit, laissant Jefferies debout et les yeux pleins de larmes au chevet de sa fille endormie.

Quelques minutes s'écoulèrent, puis on vit reparaître l'homme gris et Shoking.

Ce premier tenait à la main un petit coffret en bois des îles.

L'autre portait dans ses bras un fourneau rempli de charbons ardents.

Alors Shoking posa le réchaud au milieu de la chambre, l'homme gris ouvrit le coffret, qui était plein de cette poudre noirâtre dont il s'était déjà servi, et il en répandit le contenu sur le brasier.

Soudain une fumée épaisse monta lentement dans la chambre et en quelques minutes l'eut envahie à ce point que les quatre personnes qui entouraient la malade ne purent se voir au travers.

Cela dura environ un quart-d'heure.

Puis la fumée s'éclaircit peu à peu et gagna les murs, se dissipant insensiblement au milieu.

Les murs goudronnés semblaient l'attirer et l'absorber à mesure.

— Regarde ta fille à présent, fit l'homme gris à Jefferies.

O miracle !

La pâleur de la malade avait disparu, de belles couleurs rosées se répandaient sur ses joues et sa respiration, si faible tout à l'heure qu'on eût pu croire qu'elle était éteinte et que Jérémiah était morte, sa respiration se faisait entendre avec une régularité sonore.

Jefferies jeta un cri.

Ce cri éveilla Jérémiah.

Elle ouvrit les yeux et reconnut son père.

Alors un sourire angélique vint à ses lèvres.

Jefferies se pencha sur elle et la couvrit de baisers furieux.

Et ses larmes brûlantes tombaient une à une sur le doux visage de la jeune fille.

— Ah ! cher père, dit-elle, j'ai été bien malade hier, et j'ai cru que c'était fini... mais aujourd'hui, je sens que ça va mieux,... beaucoup mieux...

Elle fit un léger effort et se remit sur son séant.

Et apercevant le prêtre, elle lui adressa un autre sourire ; puis elle vit Suzannah, et lui tendit la main.

— Ah! père, père, dit-elle d'une voix remplie de caresses, si je pouvais vivre, comme je serais heureuse! Si tu savais comme on est bon pour moi... ici!...

— Je le sais, dit le pauvre père en pleurant.

L'homme gris lui mit alors la main sur l'épaule et lui dit :

— Suis-moi.

Et Jefferies obéit, et il l'entraîna dans le corridor voisin.

— Écoute, lui dit-il alors. Si je renouvelle trente fois encore l'expérience que je viens de faire, tu pourras emmener ta fille, non plus en voiture, mais à pied, te donnant le bras et respirant avec ivresse le grand air.

— Oh! vous le ferez, n'est-ce pas? dit Jefferies, qui voulut se mettre à genoux.

L'homme gris l'arrêta.

— Mais, dit-il, tu ne sais pas le prix de cette poudre noire que je verse dans le charbon enflammé?

Jefferies frisssonna.

— Mon Dieu! dit-il en levant les yeux au ciel, vous savez que je suis pauvre et misérable : ne viendrez-vous pas à mon aide?

— Ah! dit l'homme gris, ce n'est pas avec de

l'or qu'on la pourrait payer, Jefferies, cette précieuse substance qui peut sauver ta fille.

— Et avec quoi donc, seigneur? s'écria le pauvre diable qui, en ce moment, suspendit son âme tout entière aux lèvres de l'homme gris.

— Avec la vie d'un homme, répondit-il.

Et alors Jefferies le regarda, en proie à un effroi indicible.

. . . .

XXXI

— La vie d'un homme, la vie d'un homme! murmurait Jefferies avec un accent désolé; oh! je n'en ai qu'une à vous offrir. C'est la mienne. Prenez-la... mais sauvez ma fille.

— Tu ne m'as pas compris, dit l'homme gris, suis-moi encore.

Et il le fit redescendre au rez-de-chaussée, dans ce petit salon où Shoking s'était trouvé, quelques jours auparavant, métamorphosé en lord Vilmot.

Auprès de la cheminée pendait un tuyau de caoutchouc qui correspondait avec la chambre de la malade.

L'homme gris approcha de ses lèvres l'embouchure d'ivoire de ce tuyau, et dit :

— Suzannah, descends.

Jefferies était comme un homme privé de raison et se demandait, en regardant l'homme gris, ce que celui-ci voulait dire.

Suzannah descendit.

— Regarde cette femme, dit alors l'homme gris.

— C'est un ange, dit Jefferies, elle a veillé ma pauvre enfant chaque nuit.

— Et depuis huit jours elle a bien pleuré, va.

A ces derniers mots de l'homme gris, Suzannah cacha sa tête dans ses mains et fondit en larmes.

— Cette femme qui a veillé ton enfant, reprit l'homme gris d'une voix émue et grave, cette femme qui l'a soignée avec le dévouement d'une sœur, faisant taire sa propre douleur, sais-tu qui elle est ?

— Non, balbutia Jefferies.

— Eh bien ! c'était la compagne dévouée, la femme devant Dieu d'un homme que tu as connu, d'un homme qui est mort... et mort par toi...

Jefferies recula, frissonnant.

— C'était la femme de Bulton, acheva l'homme gris.

Et cette fois, le valet du bourreau poussa un cri d'horreur et tomba à genoux.

Jamais peut-être il n'avait compris son infamie comme il la comprenait en ce moment.

— Eh bien ! reprit l'homme gris, cette femme, qui est une sœur pour ta fille, tu n'as pas seulement tué l'homme qu'elle aimait, tu vas faire plus encore...

Jefferies, les cheveux hérissés, regardait tour à tour l'homme gris et Suzannah, et son cœur se remplit d'une ténébreuse épouvante.

— Tu es allé ce matin dans Well close square, reprit l'homme gris.

Jefferies sentit ses cheveux se hérisser.

— Calcraff t'a donné ses ordres...

Pâle comme un mort, Jefferies baissa la tête.

— Tu as emporté de chez lui, avant de venir ici, un paquet recouvert d'une serge verte. Ce paquet renfermait le bonnet noir et la corde...

Un cri sourd s'échappa de la poitrine de Jefferies.

— Demain tu passeras cette corde au cou d'un homme appelé...

Jefferies tremblait de tous ses membres, et en ce moment, il eût voulu mourir, car il pressentait quelque épouvantable révélation.

— Comment s'appelle ce condamné ? dit encore l'homme gris.

— John Colden, murmura Jefferies d'une voix éteinte.

— Eh bien ! demande à Suzannah qui est cet homme ?

Et comme le valet de Calcraff attachait sur Suzannah un regard éperdu :

— C'est mon frère ! dit-elle.

Alors Jefferies se leva tout d'une pièce.

Sa face pâle se colora tout à coup et il s'écria d'une voix vibrante et sauvage :

— Jamais ! jamais ! tuez-moi, si vous voulez, mais je n'aiderai point Calcraff.

— Au contraire, dit l'homme gris, il faut que tu l'aides, il faut que tu sauves John Colden. Si tu veux que ta fille vive, il faut que John Colden vive aussi.

La loi du talion était une loi de mort jusqu'à présent, j'en veux faire une loi de salut.

Jefferies, les cheveux hérissés, les yeux hagards ne répondait pas.

Il regardait l'homme gris, il semblait se demander comment lui, Jefferies, pouvait faire ce que le lord mayor et tous les aldermen réunis ne pourraient, c'est-à-dire accorder la vie à un homme condamné à mourir.

L'homme gris devina sa pensée.

— Je sais ce que tu vas me dire, fit-il, tu n'es pas la reine et tu ne saurais faire grâce.

— Hélas! dit Jefferies affolé.

— Tu n'es pas le bourreau, mais son valet... et tu ne passes pas la corde au cou du patient.

— Non, dit encore Jefferies.

Et il paraissait en proie à une sorte de délire.

L'homme gris le prit par la main :

— Calme-toi, dit-il, tâche de retrouver ton sang-froid ; je sauverai ta fille !

— Vous la sauverez !

— Oui, si tu me promets de faire ce que je te demande, et tu vas voir que ce que je te demande est possible.

Jefferies se sentait un peu soulagé, et ce fut avec une sorte d'avidité qu'il leva de nouveau les yeux sur son interlocuteur.

— Écoute-moi bien et réponds-moi nettement, reprit l'homme gris :

Si Calcraff était malade, le remplacerais-tu?

— Non. On ferait venir l'exécuteur de Manchester ou de Liverpool.

— Sans doute, si on avait le temps. Mais suppose une chose. Il est six heures et demie du matin, l'échafaud est dressé, le peuple s'agite et gronde à l'entour de Newgate. Le condamné est prêt... les draps blancs entre lesquels il doit traverser la cuisine sont tendus, et le malheureux s'achemine vers la fatale porte, soutenu par Calcraff et par le prêtre.

— Eh bien? demanda Jefferies qui ne comprenait pas.

— Calcraff n'a plus que quelques pas à faire, poursuivit l'homme gris. Tout à coup, il s'arrête, chancelle, et se trouve mal. Aura-t-on le temps d'envoyer chercher le bourreau de Manchester?

— Oh! non.

— Alors, c'est toi qui feras la besogne de Calcraff.

— Oui, mais Calcraff se porte bien.

— Qui sait?

Et, posant de nouveau la main sur l'épaule de Jefferies, l'homme gris ajouta :

— Sans moi, ta fille serait morte depuis huit jours, et cependant elle vivra. Crois-tu donc que je ne puisse faire des choses impossibles en apparence?

Jefferies le regardait toujours.

— Écoute encore, reprit il. Ce que je te disais

tout à l'heure arrivera. Au dernier moment, Calcraff tombera foudroyé. Alors c'est toi qui le remplaceras.

— Eh bien ! fit Jefferries frémissant, que voulez-vous que je fasse?

— Tu passeras la corde au cou de John Colden.
— Bon.
— Tu lui enfonceras le bonnet sur les yeux.
— Et puis ?
— Tu feras jouer la trappe et tu le lanceras dans l'éternité.

— Mais, dit Jefferies d'une voix étranglée, et regardant Suzannah qui frissonnait et pleurait, ce n'est point la vie de John Colden que vous me demandez, c'est sa mort.

Un sourire glissa sur les lèvres de l'homme gris.

— Tu porteras la corde, qui doit servir demain à l'exécution, à un endroit que je te désignerai.

Nous nous arrangerons de façon qu'elle ne serre pas trop le cou de John Colden, acheva l'homme gris.

Jefferies continuait à ne pas comprendre.

Mais il commençait à avoir une foi aveugle en cet homme qui disputait si victorieusement sa fille à la mort.

— Je vous obéirai, dit-il. Sur la vie de ma fille, que vous tenez entre vos mains, je vous jure que je serai votre esclave.

— C'est bien. Alors écoute-moi encore. A quelle heure, cette nuit, partiras-tu de chez toi pour aller présider à l'érection de l'échafaud?

— A minuit.

— Tu auras la corde et les autres instruments du supplice?

— Oui.

— Eh bien! entre dans une maison de Farrington street qui porte le n° 189; tu monteras au troisième, tu frapperas à la porte de l'escalier et on t'ouvrira. Si tu exécutes de point en point ce que moi ou lord Vilmot te commanderons, John Colden ne mourra pas, et si John Colden ne meurt pas, ta fille sera sauvée.

Jefferies regarda de nouveau Suzannah.

L'Irlandaise ne pleurait plus, et un rayon d'espérance brillait dans ses yeux.

XXXII

Jefferies avait donné ses ordres aux sous-aides qui devaient dresser l'échafaud.

Jusqu'au soir il n'avait plus rien à faire.

Il obtint de l'homme gris la permission de rester avec sa fille jusqu'à cinq heures de l'après-midi.

Alors seulement il se retira.

Shoking n'avait pas bougé non plus.

Mais Jefferies parti, l'homme gris le prit à part et lui dit :

— Demain nous allons jouer une grosse partie, mon ami, et il faut tout prévoir.

— Que voulez-vous dire, maître? demanda Shoking.

— Il peut se faire qu'il m'arrive malheur.

— A vous? fit Shoking avec effroi.

— Oui, à moi.

— Et comment cela?

— Je ne sais; mais j'ai un pressentiment bizarre depuis ce matin.

— Maître!

— Et quand j'aurai sauvé John Colden, il se peut faire que je sois obligé de me cacher pendant quelques jours.

— Ah!

— Or, poursuivit l'homme gris, tu penses bien, mon ami, que je veux tenir la parole que j'ai donnée à Jefferies, du moment où il aura tenu la sienne. Je veux que sa fille vive. Or, si je ne suis pas ici, il faut que tu puisses, sans moi, continuer le traitement que je fais subir à Jerémiah. Je vais donc t'initier à mon secret.

Sur ces mots, l'homme gris conduisit Shoking dans une chambre voisine qu'il avait convertie en laboratoire de chimie. Le réchaud et la boîte à la poudre brune s'y trouvaient.

— Écoute-moi bien, dit alors l'homme gris.

— Parlez, maître.

— Je t'ai dit qu'il y avait en Amérique une vallée dont le séjour guérissait rapidement la phthisie.

— Oui.

— Et que cette guérison devait être attribuée non au climat, mais à certaines émanations résineuses qui se dégagent des arbres qui la couvrent.

— Eh bien ? dit Shoking.

— Ces émanations, poursuivit l'homme gris, je les ai analysées et j'ai constaté en elles un mélange de goudron et d'acide phénique.

Le goudron seul serait impuissant, mais combiné avec l'acide phénique, il obtient un résultat décisif.

— Après ? dit Shoking, qui écoutait attentivement.

— Cette poudre que tu me vois jeter chaque matin et chaque soir dans le réchaud n'est autre chose que le phénol pulvérisé. Tu trouveras ce phénol chez tous les apothicaires.

— Bon!

— Si donc j'étais obligé de m'absenter, ou de me tenir caché pendant quelques jours, si je ne pouvais revenir ici, tu continuerais à brûler du phénol chaque matin et chaque soir dans la chambre de Jérémiah.

— Oui maître, dit Shoking; et vous croyez que Jérémiah guérira?

— J'en suis sûr. Maintenant, va prendre tes habits ordinaires, tu redeviens Shoking pour ce soir.

— Est-ce que je vais avec vous?

— Sans doute.

L'homme gris s'était enveloppé de nouveau de ce grand manteau qui le couvrait de la tête aux pieds.

Une seule personne restait auprès de la malade, c'était Suzannah.

Suzannah vint se jeter aux pieds de l'homme gris.

— Oh! vous le sauverez, n'est-ce pas? dit-elle, faisant allusion à John Colden.

— Je tiens toujours ce que j'ai promis, répondit-il.

Shoking et lui s'en allèrent.

L'ombre et le brouillard planaient déjà sur Londres.

L'homme gris monta dans un cab avec Shoking, et indiqua Old Bailey au cocher.

Mais comme le cab traversait Holborn street, l'homme gris souleva la petite trappe, et, paraissant changer d'avis, il fit arrêter le cab à la porte d'un armurier.

— Attends-moi, dit-il à Shoking qui resta dans la voiture.

L'armurier avait sans doute reçu déjà la visite de l'homme gris, car il le salua comme une connaissance.

— Est-ce prêt? dit le premier.

— Oui, Votre Honneur.

Et l'armurier remit d'abord à l'homme gris une sorte de boule que celui-ci mit dans la poche de son manteau; puis un autre petit paquet enveloppé dans un morceau d'étoffe.

Et enfin une canne.

Shoking regardait et ne comprenait pas.

L'homme gris, muni de ces objets, remonta dans le cab et dit à Shoking :

— Tu croyais donc que les armuriers ne vendaient que des fusils, des épées et des pistolets?

— Dame! fit Shoking.

— Comme tu le vois, fit l'homme gris en souriant, ils vendent aussi des cannes.

— Que voulez-vous donc faire de cette canne? dit Shoking.

— Tu verras cela demain matin.

Et il cria au cocher :

— Menez-nous dans Old Bailey : vous vous arrêterez à la porte de la maison de banque Harris et Compagnie.

Un quart d'heure après, l'homme gris descendait encore et laissait Shoking dans le cab.

M. Harris, prévenu le matin par un mot jeté à la poste, était resté dans ses bureaux.

Il attendait M. Firmin Bellecombe, ce chirurgien français qui avait des lettres de crédit d'un million.

M. Harris reçut le chirurgien avec empressement.

— Vous m'avez annoncé votre visite, lui dit-il, et je me doute du motif qui vous amène.

— Ah! vraiment? dit le prétendu chirurgien.

— C'est demain qu'on pend le condamné irlandais.

— Justement.

— Et il vous serait agréable de voir l'exécution?

L'homme gris fit un signe de tête affirmatif.

— J'ai tout prévu, dit M. Harris.

L'homme gris s'inclina.

— Venez avec moi, ajouta le banquier.

En même temps il sonna et dit à un garçon de bureau :

— Envoyez-moi M. Smith.

M. Smith était le commis qui, seul, couchait dans les bureaux.

— Mon ami, dit M. Harris en lui montrant le prétendu chirurgien, monsieur est la personne dont je vous ai parlé.

Le jeune homme s'inclina.

— Venez avec nous, continua le banquier.

Et il ouvrit, au fond de son cabinet, une petite porte qui donnait sur un escalier.

Cet escalier conduisait au premier étage de la maison.

M. Smith avait pris une des lampes qui se trouvaient sur le bureau du banquier, et il passa le premier pour éclairer.

Arrivé au premier étage, il poussa une porte et l'homme gris se trouva au seuil d'une chambre spacieuse dans laquelle on avait dressé deux lits.

— Vous coucherez là, dit M. Harris, et je crois bien qu'on n'aura nul besoin de vous réveiller.

— Je ne dormirai pas, dit l'homme gris.

— Mais dussiez-vous dormir, dit M. Harris, le tapage qui se fera dans la rue, deux ou trois heures avant l'exécution, vous réveillera.

Et M. Harris ouvrit la croisée et fit signe à son hôte d'approcher.

— Tenez, voyez-vous ce réverbère?

— Oui.

— C'est juste au-dessous qu'on dresse l'échafaud.

— Ah! fort bien, dit l'homme gris.

— Vous n'en serez pas à dix mètres et vous pourrez voir tous les détails de l'exécution.

L'homme gris s'inclina.

— Mon ami, dit encore le banquier, s'adressant à son commis, vous attendrez que monsieur soit rentré pour fermer les portes.

— Oh! dit le prétendu chirurgien, je reviendrai de bonne heure, entre neuf et dix.

— Et vous aurez raison, ajouta M. Harris, car dès minuit, la rue sera complétement encombrée.

L'homme gris se confondit en remerciements, donna une poignée de main à M. Smith, prit congé de M. Harris et rejoignit Shoking, qui l'attendait toujours dans le cab.

XXXIII

— Dans Farringdon street! ordonna l'homme gris au cocher.

La maison dans laquelle il avait donné rendez-vous à Jefferies se trouvait tout à fait à l'angle de Fleet street et faisait face à la porte de la cité.

— Viens avec moi, dit l'homme gris à Shoking.

Tous deux descendirent de voiture et s'engagèrent dans une allée assez étroite, d'où s'échappait cette odeur nauséabonde qui est particulière aux maisons populeuses.

Ils montèrent au troisième étage, et là l'homme gris, ayant tiré une clef de sa poche, ouvrit une porte et introduisit Shoking dans un petit logement à peu près vide de meubles.

— Chez qui sommes-nous donc? demanda Shoking, tandis que son compagnon se procurait de la lumière.

— Chez moi, dit l'homme gris en souriant; j'ai

comme ça une douzaine de logis dans Londres, mais comme je les habite rarement, ils sont un peu négligés, comme tu vois.

Shoking ne fit pas d'autre observation.

L'homme gris ferma la porte et poursuivit :

— Sais-tu faire un nœud coulant?

— Parbleu! répondit Shoking.

— Eh bien! essayons...

Et il alla chercher une corde qui était pendue dans un coin de la chambre.

Une corde toute neuve et tout à fait semblable à celle que Jefferies devait emporter de chez Calcraff pour pendre le malheureux John Colden.

— Fais un nœud, dit-il en la tendant à Shoking.

Shoking s'empara de la corde et exécuta le nœud avec une habileté incontestable.

— Tu aurais fait un excellent valet de bourreau, dit l'homme gris en souriant.

Puis il prit l'autre bout de la corde et poursuivit :

— Maintenant, regarde à ton tour.

Et il fit un nœud qui parut à Shoking en tout semblable au sien.

— Vois-tu une différence entre eux? reprit l'homme gris en pliant la corde en deux, de façon à placer les deux nœuds à côté l'un de l'autre.

— Non, dit Shoking.

— Alors, donne-moi ton poignet.

Shoking présenta son poing fermé.

L'homme gris passa le nœud fait par Shoking autour du poignet en disant :

— Je suppose que c'est ton cou.

Et il tira sur la corde.

— Aïe ! fit Shoking, si c'était mon cou, je serais étranglé déjà.

— Bon ! voyons l'autre, maintenant.

Et dégageant le poignet du premier nœud, il le passa dans le second, c'est-à-dire dans celui qu'il avait fait lui-même.

Puis il tira sur la corde.

Mais, ô miracle ! la corde eut beau serrer le poignet, Shoking n'éprouva aucune souffrance.

— Comprends-tu, maintenant ? dit l'homme gris.

— Ma foi, non ! répondit Shoking.

— C'est pourtant bien simple, je t'assure. Cette corde, qui est d'un bout à l'autre de la même couleur, est cependant composée de deux substances.

— Comment cela ?

— Chanvre d'un côté et caoutchouc de l'autre.

— Après? fit Shoking.

— Eh bien?

— La corde aura la force de le soutenir un moment en l'air, mais le caoutchouc prêtera assez pour que le poids du corps n'entraîne pas la strangulation immédiate.

— Malheureusement, dit Shoking, ce n'est pas avec cette corde-là...

— Tu te trompes complétement.

— Ah!

— N'ai-je pas dit à Jefferies de venir ici?

— Sans doute.

— Eh bien! comme cette corde est de la même épaisseur, de la même longueur et de la même couleur que celle que lui a donnée Calcraff...

— Comment le savez-vous?

— Je les ai mesurées la nuit dernière, dit l'homme gris.

Et sans vouloir s'expliquer davantage, il ajouta :

— La vie de John Colden est entre tes mains, songes-y bien, car si tu te trompais, ni moi ni Jefferies ne pourrions le sauver.

— Oh! répondit Shoking, soyez tranquille, je

ne me tromperai pas. D'ailleurs, il y a pour cela un excellent moyen.

— Lequel?

— C'est de laisser le nœud fait du côté du caoutchouc.

— Soit, dit l'homme gris. Ainsi tu as bien compris, quand Jefferies viendra, tu lui donneras cette corde en échange de celle qu'il apportera. A ce prix, je réponds de tout.

— Alors John Colden est sauvé, dit Shoking, car je réponds de tout. Mais que vais-je faire en attendant Jefferies?

— Rien, tu attendras. Jefferies sera ici à minuit.

— Et quand il sera parti?

— Tu viendras me rejoindre dans Old Bailey.

— Mais, dit Shoking, ce ne sera pas commode d'arriver dans Old Bailey à minuit.

— Pourquoi?

— Parce qu'il y aura une foule énorme et compacte qui se pressera aux abords.

Un nouveau sourire arqua la bouche de l'homme gris.

— Ne t'inquiète pas de cela, dit-il.

— Ah?

— Quand tu seras dans la rue et que tu voudras jouer des coudes pour qu'on te livre passage, tu entendras bien certainement des gens qui parlent le patois irlandais.

— Eh bien!

— Tu frapperas sur l'épaule de l'un d'eux, le premier venu.

— Et puis?

— Et tu lui feras le signe mystérieux que je t'ai enseigné. Alors bien certainement cet homme te prendra par le bras et la foule s'écartera peu à peu devant vous et tu pourras ainsi arriver jusques à la porte du banquier Harris.

Je serai à la fenêtre, et je descendrai t'ouvrir.

— Est-ce tout ce que vous m'ordonnez, maître? demanda Shoking.

— Oui, mon garçon. Au revoir...

Et l'homme gris laissa Shoking dans la chambre et redescendit.

Le cab attendait toujours à la porte.

L'homme gris y remonta et dit au cocher :

— Mène-moi au tunnel de la Tamise.

Le cab descendit Farringdon jusqu'à la rue qui longe le fleuve et porte son nom, Thames' street.

C'est une longue artère qui sert, pour ainsi

dire, de ceinture au midi, à la cité de Londres, et aboutit à la Poissonnerie.

Là, elle change de nom et s'appelle Saint-George.

Elle contourne les docks et s'enfonce au cœur du Wapping.

Une fois encore, l'homme gris entra dans Old Gravel lane, mais il ne s'arrêta point au public-house de master Wandstoon; il tourna à gauche et le cab s'arrêta devant l'espèce de tour qui sert d'entrée au tunnel.

Le tunnel est peu fréquenté ; la compagnie qui le possède perd son argent peu à peu, tant les passants sont rares, et les boutiques souterraines qui le bordent se ferment une à une.

Il est rare qu'un gentleman s'aventure dans le tunnel, le soir surtout.

Aussi le préposé à la perception fut-il quelque peu étonné de voir un homme bien mis jeter un penny sur son bureau, se présenter au tourniquet et s'aventurer ensuite dans le gigantesque escalier qui descend au-dessous du fleuve.

Mais l'homme gris ne se préoccupa point de cet étonnement.

Il atteignit la galerie souterraine, allongea le

pas et ne mit pas un quart d'heure à atteindre l'autre rive.

Au bout du tunnel est un autre escalier semblable en tous points au premier.

Quand on a gravi cet escalier, on trouve une ruelle, Swan lane, qui conduit à une chapelle.

Autour de cette chapelle est un cimetière.

Ce fut vers cet endroit que se dirigea l'homme gris.

Ce quartier qu'on appelle Rothrill est un des plus misérables de Londres, si misérable que le public-house, cet établissement qui foisonne partout ailleurs, y est rare.

Cependant, il s'en trouve un à l'angle de Swan lane, et tout à fait en face de la chapelle et du cimetière. Et ce fut dans ce public-house que l'homme gris entra.

XXXIV

Le public-house dans lequel l'homme gris entra était désert comme le quartier.

Le landlord seul était assis derrière son comptoir.

L'homme gris lui fit un signe, — ce signe mystérieux qui reliait entre eux les fils de l'Irlande.

Et, tout aussitôt, le landlord perdit son visage impassible, et s'empressa de quitter le journal qu'il lisait à la lueur d'un maigre bec de gaz.

— Suis-je le premier? dit l'homme gris.

— Oh! non, répondit le landlord. Le prêtre est arrivé.

— Alors la porte est ouverte?

— Oui, vous n'aurez qu'à la pousser.

— Et le prêtre est seul?

— Jusqu'à présent.

— C'est bien, dit l'homme gris. Je vais attendre ici quelques minutes encore.

Et il s'assit tout auprès de la porte, afin de voir ce qui se passait au dehors.

La nuit était moins brumeuse qu'à l'ordinaire et avait même une certaine transparence qui permettait de voir à distance.

Il n'y avait pas cinq minutes que l'homme gris était dans le public-house, qu'il entendit un bruit de pas dans l'éloignement.

Puis ces pas se rapprochèrent et, enfin, un homme apparut et vint contourner la grille du cimetière.

Cette grille était à peine à hauteur d'appui.

Celui qui s'en approchait était de haute taille, et l'homme gris se dit :

— Ce doit être *l'Américain.*

L'Américain enjamba la grille et entra dans le cimetière. L'homme gris le suivit des yeux jusque auprès d'une tombe derrière laquelle il disparut tout à coup.

On eût dit que la terre s'était entr'ouverte et l'avait englouti.

L'homme gris ne s'en étonna point et conserva son poste d'observation.

Peu après, un autre personnage, venant d'une direction opposée, se montra pareillement auprès de la grille, l'enjamba à son tour, suivit le même chemin et disparut, comme le premier, derrière la même tombe.

— Et de deux ! fit l'homme gris.

Puis il attendit encore.

Enfin, dix minutes plus tard, deux autres hommes arrivèrent en même temps, et comme les premiers se perdirent au milieu du cimetière.

— Fort bien, dit l'homme gris.

Et il se leva, tira sa montre et dit au landlord :

— Tu le vois, il est huit heures et demie.

— Oui, maître.

— A neuf heures précises tu siffleras, s'il n'y a

personne dans la rue; ce sera signe que nous pouvons sortir.

Le landlord s'inclina.

Alors l'homme gris quitta le public-house et se dirigea à son tour vers le cimetière dans lequel il pénétra de la même façon que les quatre personnes qui l'avaient précédé.

Comme elles, il marcha droit à la tombe derrière laquelle elles avaient disparu.

Cette tombe était un petit monument carré dans lequel on pénétrait par une porte que l'homme gris n'eut qu'à pousser et qui céda devant lui.

Il se trouva alors au milieu d'une obscurité profonde, et il frappa trois fois du pied.

Soudain, le sol fléchit sous lui, une dalle tourna comme une bascule et une sorte de crevasse se fit, par laquelle il disparut à son tour.

Puis la dalle remonta et prit sa place.

Le monument dans lequel l'homme gris était entré était un caveau de famille; et ce monument servait d'entrée à un souterrain que certainement peu de gens connaissaient.

Après que la dalle, en tournant, lui eut livré passage, l'homme gris se trouva dans le souterrain.

C'était une petite salle ronde autour de laquelle étaient rangés des cercueils de plomb portant différentes inscriptions.

Une lampe était posée sur l'un d'eux.

Et à la clarté de cette lampe l'homme gris put voir cinq personnes réunies au milieu de la salle.

Ces cinq personnes étaient l'abbé Samuel et les quatre chefs fenians qui, au début de notre histoire, s'étaient donné rendez-vous dans l'église Saint-Gilles, à la messe de huit heures, le 27 octobre.

Tous quatre saluèrent l'homme gris comme un supérieur.

— Eh bien! dit celui-ci, êtes vous prêts?

— Oui, répondit le premier, celui qu'à sa haute taille, l'homme gris avait reconnu pour l'Américain.

J'ai huit cents hommes déterminés aux environs du pont de Londres.

— Moi, j'en ai deux mille qui ont envahi déjà les alentours de Saint-Paul, dit le second.

— Et nous, dirent à la fois le troisième et le quatrième, nous avons réuni six mille personnes hommes et femmes, qui vont entrer dans Fleet street comme un torrent aussitôt que le signal sera donné.

— Remarquez bien, dit l'homme gris, qu'il

faut qu'avant dix heures tout le monde soit à son poste, car le bon peuple de Londres, qui veut voir pendre, escortera la charrette qui porte l'échafaud et ira grossissant à mesure que la charrette approchera de Newgate.

— Oui, certes, dit un des quatre chefs, mais souvenez-vous des grilles de Hyde-Park : nous les avons renversées en un clin d'œil.

— Aussi faudra-t-il faire des chaînes qui barreront la rue.

— Soyez tranquille, dit un autre, je réponds de nos gens.

— Moi, dit à son tour l'abbé Samuel, j'ai obtenu la permission de passer la nuit dans la cellule du condamné.

— Je n'osais l'espérer, dit l'homme gris. Je pensais qu'on ne vous laisserait entrer qu'un peu avant l'exécution.

Puis, s'adressant à l'Américain :

— Et la tasse de lait ?

— C'est le cuisinier de Newgate qui l'offrira lui-même à Calcraff.

— En répondez-vous toujours ? car c'est le seul homme que je n'ai pu voir moi-même.

— C'est un fenian d'Amérique, et je n'ai eu qu'à me faire reconnaître de lui pour qu'il m'obéît.

— Ainsi, reprit un des chefs, nous répondons d'enlever le patient, mais ne sera-t-il pas mort?

— Je vous le promets, répondit l'homme gris.

Il tira de nouveau sa montre :

— Neuf heures, dit-il.

L'abbé Samuel saisit alors une corde qui pendait de la voûte et qui servait à faire mouvoir la dalle.

En même temps l'homme gris éteignit la lampe.

La dalle tourna et la salle souterraine se trouva de nouveau en communication avec le caveau supérieur, dont la porte était demeurée ouverte.

L'Américain, qui était le plus grand, s'était placé au-dessous de l'ouverture.

L'homme gris lui sauta sur les épaules et atteignit ainsi le caveau supérieur.

Les trois autres chefs et l'abbé l'imitèrent.

Puis quand tous furent en haut, l'homme gris se pencha et saisit l'Américain par les poignets.

Alors, avec une force herculéenne, il le tira, à son tour, dans le caveau supérieur.

Presque aussitôt après, on entendit un coup de sifflet.

— C'est le landlord qui nous appelle, dit l'homme gris. Nous pouvons sortir.

Et il se glissa le premier dans le cimetière.

La dalle avait repris sa place ordinaire et il ne restait plus de trace de ce mystérieux conciliabule qui avait eu lieu dans le caveau.

XXXV

Tous les six sortirent du cimetière sans avoir été inquiétés et sans avoir vu l'ombre d'un policeman.

L'homme gris marchait en avant.

Ils reprirent Swan lane, mais au lieu d'entrer dans le tunnel, chemin qu'avait déjà suivi l'homme gris, ils descendirent au bord de l'eau.

Le fleuve était comme les rues, presque désert, et les innombrables bateaux à vapeur qui le sillonnaient pendant le jour étaient rentrés dans leurs débarcadères.

Cependant, un peu sur la gauche, tout à fait au bord, un panache de fumée grise montait lentement dans le brouillard rouge.

Ce fut vers ce panache que l'abbé Samuel et ses compagnons se dirigèrent.

L'homme gris reconnut un petit steam-boat.

Et, se tournant vers l'Américain.

— Est-ce là le bateau à vapeur qui vous a amené?

— Oui, répondit le chef fenian.

— Alors le capitaine est à nous?

— Le capitaine et l'équipage. C'est à bord que j'ai organisé le signal.

— Vous m'avez paru si expert, dit l'homme gris qui sauta lestement sur le pont du petit bateau à vapeur, que je vous ai laissé le soin de préparer le signal. Seulement, puis-je savoir ce que vous allez faire?

— Sans doute, répondit l'Américain.

Le prêtre, les quatre chefs et l'homme gris étant à bord, le capitaine du bateau prit le large.

Alors l'Américain entraîna l'homme gris à l'avant du bateau et lui dit :

— Voyez-vous le dôme de Saint-Paul?

— Oui.

— Il domine toute la ville.

— Oh! certainement.

— C'est de là que va partir le signal.

— Comment?

— Vous allez voir. Il y a un homme qui est

caché tout en haut du dôme dans la lanterne, et cet homme nous appartient.

— Comment s'est-il introduit dans l'église?

— Il y est entré une heure avant qu'on ne fermât les portes et il s'est glissé dans l'escalier du dôme.

— Vous pensez qu'on ne l'aura pas découvert?

— J'en suis sûr, car tout à l'heure, avec un télescope, j'ai pu voir non pas l'homme, la nuit n'est pas assez claire, mais un petit point rougeâtre qui n'était autre que le feu de son cigare.

— Bon! après?

— Vous allez voir, dit l'Américain, c'est simple comme bonjour. Du haut du dôme, il a l'œil fixé sur la Tamise.

— Ah!

— Dans la direction du pont de Londres qui est le point convenu entre nous.

Le bateau à vapeur, qui était tout petit, fendait l'eau avec la rapidité d'un cygne. Il passa sous le pont de Londres et vint stopper un moment entre ce pont-là, et celui du chemin de fer qui conduit à la gare de Cannons street.

Soudain le capitaine, sur un signe de l'Américain, fit hisser un feu vert.

L'homme gris avait compris, mais il regarda néanmoins attentivement.

Au feu vert succéda un feu rouge, puis un feu violet, puis tout s'éteignit.

— Regardez maintenant, dit l'Américain.

L'homme gris tourna les yeux vers Saint-Paul, qui dominait de sa coupole gigantesque toute la colline qui forme la cité de Londres.

Et cette coupole s'illumina tout à coup d'une immense gerbe de lumière électrique qui rayonna successivement aux quatre points cardinaux de la ville.

— Voilà le signal, dit l'Américain.

La lumière brilla environ deux minutes, mais ce fut assez pour éclairer Londres tout entier.

Puis tout rentra dans l'obscurité.

Alors le petit bateau à vapeur se remit en mouvement, passa devant la gare de Cannons street, et vint aborder au-dessus de Sermon lane, cette ruelle qui montait à la Cité.

— A présent, dit l'homme gris, que chacun soit à son poste. Il n'y a plus une minute à perdre.

Et tandis que les quatre chefs se dispersaient pour rejoindre chacun l'armée mystérieuse qu'il avait recrutée et qui devait marcher sur Newgate, l'abbé Samuel et l'homme gris continuèrent leur chemin côte à côte.

Le petit bateau à vapeur avait repris le large.

Au bout de Sermon lane, l'abbé Samuel et son compagnon trouvèrent la rue Paternoster et se dirigèrent vers Saint-Paul.

Ordinairement, la nuit, la Cité est déserte.

Mais cette nuit-là elle était déjà envahie par une foule compacte qui se ruait vers Newgate.

De nombreuses patrouilles de policemen circulaient en tous sens et il était facile de voir que le signal donné du haut de Saint-Paul avait été compris.

Une véritable marée humaine montait de tous les bas-fonds de la Cité vers l'église cathédrale, — silencieuse, pressée, en bon ordre.

Le peuple anglais n'est jamais bruyant.

Cependant l'homme gris et l'abbé Samuel s'ouvrirent facilement un passage.

A mesure qu'ils approchaient d'Old Bailey, ils entendaient parler l'idiome irlandais plus fréquemment.

Évidemment les soldats de la verte Erine se trouveraient au premier rang.

Le prêtre disait de temps en temps à haute voix :

— Je suis le confesseur du condamné. Laissez-moi passer.

Et la foule s'écartait avec respect, et le prêtre, suivi de l'homme gris, put ainsi arriver jusqu'à ce carré formé par des chaînes et au milieu duquel allait se dresser l'échafaud.

Les policemen étaient en force dans Old Bailey.

L'homme gris en entendit un qui disait :

— Il n'est pas encore dix heures du soir. Ils auront le temps d'attendre.

L'abbé Samuel se fit reconnaître et la porte de Newgate s'ouvrit devant lui.

Quant à l'homme gris, il s'était arrêté devant l maison de banque de M. Harris.

Une lumière brillait au premier étage et il y avait un homme à une fenêtre.

C'était M. Smith, le commis qui gardait la maison et était chargé d'en faire les honneurs, cette nuit-là, au prétendu chirurgien français.

L'homme gris le salua de la main et M. Smith le reconnut.

— Je descends vous ouvrir, fit-il.

Et, en effet, il vint entre-bâiller la porte et l'homme gris se glissa dans la maison.

M. Smith avait un flambeau à la main.

— Mon cher monsieur, dit-il, je n'ai jamais vu autant de monde que ce soir, et d'aussi bonne heure.

— Vraiment?

— Vous allez en juger.

Et M. Smith conduisit son hôte à cette chambre d'où on pouvait voir l'échafaud à une distance de dix pas, lorsqu'il serait dressé.

Il posa dans un coin, et fort négligemment, la canne qu'il avait achetée chez un armurier d'Holborn street et dont il ne s'était pas séparé.

Puis il plaça sur la cheminée les deux objets qu'il avait achetés en même temps.

— Qu'est-ce que cela? dit M. Smith avec curiosité.

— Des instruments de chirurgie, répondit-il.

— Mon cher monsieur, dit alors le commis, si vous voulez vous coucher et prendre un peu de repos, je vous éveillerai quand il en sera temps.

— Merci, dit l'homme gris, je n'ai nulle envie

de dormir. Si vous le voulez, nous allons fumer un cigare.

Il tira son étui de sa poche et le présenta au commis.

M. Smith accepta un cigare et l'alluma.

Puis il s'allongea dans un fauteuil et se mit à fumer avec ce recueillement particulier aux Anglais.

Un quart d'heure après, le cigare avait produit son effet, et M. Smith dormait profondément.

Alors l'homme gris eut un sourire.

— Maintenant, dit-il, je suis chez moi.

XXXVI

Le narcotique absorbé par le commis, dans la fumée du cigare que lui avait donné l'homme gris, était assez puissant pour qu'il n'y eût plus à s'occuper de M. Smith.

Il dormirait sept ou huit heures de suite et on pouvait faire tout le bruit possible sans qu'il s'éveillât.

L'homme gris le prit donc à bras le corps et le porta sur un des lits.

Puis il revint à la fenêtre et s'y accouda.

La foule commençait à être compacte dans Old Bailey.

Elle s'épaississait à vue d'œil, mais sans bruit, sans tapage, avec ce flegme silencieux qui est le côté saillant du caractère anglais.

Deux escouades de policemen bordaient le carré formé par les chaînes qu'on avait tendues dès huit heures du soir.

En France, une armée de sergents de ville serait bousculée par la foule en un clin dœil.

En Angleterre, le policeman n'a qu'à étendre son petit bâton au-dessus de sa tête pour que la foule ne fasse pas un pas de plus.

L'homme gris fumait tranquillement et, de temps en temps, il consultait sa montre.

La foule grossissait toujours et de loin en loin quelques mots étouffés montaient aux oreilles de l'homme gris.

Ces paroles étaient toutes en idiome irlandais.

Les chefs fenians avaient tenu parole.

Tout ce monde qui remplissait Old Bailey était l'armée mystérieuse sur laquelle l'Irlande comptait pour délivrer John Colden.

Enfin, ce murmure sourd qui s'élevait de toutes parts comme le clapotement des vagues sur le galet au bord de l'Océan, ce murmure grandit tout à coup et l'homme gris vit les policemen agiter leurs petits bâtons.

Puis ayant tourné la tête, il aperçut à l'extrémité d'Old Bailey, au coin de Fleet street, une lueur rougeâtre qui s'avançait lentement.

En même temps, il entendit résonner le pavé sous le pied d'un cheval et il vit apparaître cette charrette qui renfermait les bois de justice.

Les deux sous-aides étaient dessus et se tenaient debout, ayant chacun une torche à la main.

Au milieu d'eux Jefferies, pâle, triste, son paquet enveloppé de serge verte sous le bras, avait bien plutôt l'air du patient qu'on va pendre que du valet de l'exécuteur.

La foule s'écartait devant le hideux véhicule et Jefferies arriva ainsi jusque sous la fenêtre de l'homme gris.

— Bonjour, Jefferies ! lui cria ce dernier.

Jefferies leva la tête et reconnut le sauveur de sa fille.

Il porta la main à son bonnet et, en même temps, il fit un petit signe mystérieux qui voulait dire sans doute :

— Tout est prêt, ne craignez rien.

Le véhicule arriva jusqu'à la chaîne, que les policemen détendirent un moment pour laisser passer le cortége.

Puis, quand il fut entré dans le carré, ils la tendirent de nouveau et le peuple respecta cette barrière et n'essaya pas d'aller plus loin.

Le véhicule s'était arrêté devant la troisième porte de Newgate et, comme l'avait dit M. Haris, tout à fait en face de cette croisée où se montrait l'homme gris.

Les aides avaient mis pied à terre et Jefferies faisait descendre une à une toutes les pièces du sinistre édifice.

L'homme gris se prit à suivre avec une grande attention tous les détails de l'opération, qui dura environ deux heures.

Cependant, de temps en temps, il jetait un furtif regard au-dessous de lui et fronçait le sourcil.

Shoking n'arrivait pas.

Enfin, du milieu de cette foule toujours grossissante qui assistait à la construction de l'échafaud, un coup de sifflet se fit entendre.

Et, en même temps, à la lueur des torches, l'homme gris aperçut Shoking.

Shoking, ses vêtements en lambeaux, tête nue, suant à grosses gouttes, avait eu bien du mal à se frayer un passage au milieu de cette marée humaine.

Mais, à force de jouer des coudes et de pousser l'un et l'autre, il avait fini par arriver jusqu'à la porte de M. Harris.

— Attends-moi et cramponne-toi au marteau de la porte, lui cria l'homme gris.

Deux minutes après, Shoking se glissait dans la maison et l'homme gris refermait vivement la porte.

Puis il prenait le mendiant par la main, car il était descendu sans lumière, et il le conduisait dans cette chambre où la lueur des torches allumées au dehors répandait une clarté rougeâtre.

Il était alors deux heures du matin.

— Eh bien? dit l'homme gris.

— Jefferies a la corde et m'a laissé la sienne.

— Es-tu bien sûr que le nœud soit fait dans le bout du caoutchouc?

— Oui, j'en réponds. Ouf! j'ai eu du mal à arriver jusqu'ici; j'avais beau faire des signes, je n'avançais pas facilement.

Tout à coup Shoking jeta les yeux sur le lit où dormait le commis et il fit un pas en arrière, disant :

— Je croyais que nous étions seuls.

— Oh! fit l'homme gris, en souriant, ce n'est pas celui-là qui nous gênera. Il dort.

— Mais il peut s'éveiller.

— Non. Si le cœur t'en dit, donne-lui des pichenettes sur le nez. Il a fumé de l'opium.

— Ah! bon! dit Shoking.

Le travail des aides de Jefferies continuait, la sinistre plate-forme était dressée.

Puis bientôt après, on vit s'élever la potence et Jefferies, montant au long d'une échelle, fixa à son extrémité le crochet destiné à supporter la corde.

Enfin, on fit jouer trois ou quatre fois de suite la trappe fatale, et alors l'homme gris dit à Shoking :

— C'est fait!...

Les deux aides s'assirent tranquillement sur le bord de la plate-forme, les jambes pendantes au-dessus de la foule.

Maintenant il n'y avait plus qu'à attendre que l'heure de l'exécution sonnât.

Quant à Jefferies, il avait frappé à cette porte

de Newgate qui était de plain-pied avec l'échafaud et par où devait sortir le condamné.

Cette porte s'était ouverte et refermée sur lui.

— Maître, dit alors Shoking, je crois avoir compris ce qui va se passer.

— Ah !

— La corde ne serrera pas assez le cou de John pour l'étrangler sur-le-champ.

— Cela est vrai.

— Et la foule aura le temps de briser les chaînes, d'entourer l'échafaud et de le dépendre.

— Non, dit l'homme gris, la corde cassera auparavant et le pendu tombera.

— Ah ! la corde cassera ?

— Oui.

— Comment ?

Alors l'homme gris alla prendre la canne qui se trouvait dans un coin et à cette canne il ajusta une boule de cuivre qui était grosse comme une pomme, et puis une autre pièce qui n'était autre qu'une batterie de fusil.

La canne était creuse et rayée comme le canon d'une carabine.

— Un fusil à vent ! dit Shoking.

— Oui.

— Et c'est avec cela que vous couperez la corde?

— Aussi facilement que je coupe une balle sur la lame d'un couteau à vingt-cinq pas, répondit tranquillement l'homme gris.

XXXVII

Et pendant ce temps-là à quoi songeait John Colden, le condamné?

Apôtres ou fanatiques, les hommes qui se sont voués à une cause ou à une idée, savent être martyrs.

On avait bien dit à John Colden qu'on le sauverait. Il l'avait même espéré un moment, alors qu'il était encore à Cold Bath fields.

Mais depuis qu'on l'avait transféré à Newgate, cette espérance était devenue de plus en plus faible, et elle avait fini par s'évanouir.

Depuis qu'il était condamné, depuis surtout qu'il avait appris l'exécution de Bulton, John Colden se faisait peu à peu à cette idée que sa dernière heure approchait et qu'il irait dormir du dernier sommeil dans la Cage aux oiseaux, tout à côté de l'amant de la pauvre Suzannah.

Et les jours passaient, et John comptait maintenant les heures.

Il recevait tous les matins la visite de sir Robert, le sous-gouverneur, qui lui témoignait de l'amitié et ne cessait de lui dire qu'on s'exagérait beaucoup l'importance du dernier supplice et que cela n'avait absolument rien d'effrayant.

John Colden souriait avec mélancolie et se bornait à répondre :

— Je saurai mourir.

Enfin la veille de l'exécution était arrivée.

La dernière journée d'un condamné est peut-être moins lugubre et moins monotone que celles qui la précèdent.

Dès huit heures du matin, il reçoit la visite du prêtre d'abord, ensuite du gouverneur; puis, dans le courant du jour, ce sont les dames des prisons qui viennent lui apporter des consolations.

Enfin, vers le soir, les deux élèves de Christ's hospital, chargés de remplir le vœu du roi Edouard VI, viennent à leur tour.

Cette dernière visite est peut-être celle qui touche le plus le malheureux qui va mourir.

L'enfance a des accents, des paroles et des sourires qui vont droit à l'âme la plus endurcie.

A huit heures, John Colden avait donc reçu la visite d'un prêtre.

Mais ce prêtre n'était point l'abbé Samuel.

C'était un ministre protestant.

Car si la loi anglaise accorde au condamné catholique la grâce de voir un ministre de sa religion, ce n'est que lorsqu'il a refusé inflexiblement les secours d'un prêtre anglican.

Le ministre savait que John Colden était catholique.

Aussi, n'étai-il entré dans sa cellule que pour la forme et en était-il ressorti aussitôt.

Le gouverneur était venu ensuite, accompagné du shérif, qui avait demandé à John si, au moment suprême, il ne voulait pas dénoncer ses complices.

John avait répondu négativement.

A midi, le prêtre catholique s'était présenté.

Celui-là, c'était l'abbé Samuel.

John avait, en le voyant, perdu son impassibilité, et quelques larmes avaient subitement roulé dans ses yeux.

Le jeune prêtre était demeuré enfermé avec le

condamné pendant plus d'une heure, et il l'avait préparé à la mort.

Cependant, depuis quinze jours, le prêtre travaillait avec ses amis à sauver John Colden.

Comment donc, alors qu'on était presque sûr des amis, ne lui avait-il pas laissé entrevoir le salut ?

Ceci tenait à la prudence de l'homme gris.

Celui-ci avait dit la veille :

— L'homme qui se noie s'accroche souvent à ceux qui essayent de le sauver, d'une façon si malheureuse, si désespérée, si maladroite, qu'il les fait périr avec lui.

Ainsi de John.

Il est résigné à mourir ; il faut même qu'il n'espère plus, car il pourrait nous trahir par son attitude confiante, éveiller l'attention de l'autorité, et faire échouer tous nos projets.

Le prêtre quitta donc John en lui parlant du ciel et de Dieu, qui n'abandonne jamais ses serviteurs.

Il le quitta en lui promettant de revenir le soir et de passer la nuit en prières auprès de lui.

Après l'abbé Samuel, ce fut le tour des dames des prisons.

Puis enfin, comme la nuit venait, la porte de la cellule s'ouvrit.

Le gardien-chef lui dit:

— John, voici deux jeunes clercs du collége de Christ's hospital qui viennent vous visiter, selon la coutume établie par le roi Edward.

Et John vit apparaître d'abord un grand jeune homme, le plus ancien des élèves, et un enfant, le dernier venu et le plus jeune.

Et soudain, en regardant celui-ci, John poussa un cri et se demanda si Dieu ne faisait pas un miracle en sa faveur.

Dans cet enfant, John Colden venait de reconnaître l'enfant de Jenny l'Irlandaise, le petit Ralph, celui pour qui il allait subir le dernier supplice, le rédempteur enfin que la pauvre Irlande attendait.

Mais l'enfant avait posé un doigt sur ses lèvres, et John maîtrisa sa joie.

Ralph, car c'était bien lui, apparaissait à John Colden comme un ange descendu sur la terre.

L'enfant, on l'a vu plusieurs fois déjà, avait la raison et le courage d'un homme.

Quand il eut fait un signe à John Colden, il se tourna vers son compagnon, le grand écolier:

— George, lui dit-il, cet homme est Irlandais, n'est-ce pas?

— On nous l'a dit, répondit l'écolier.

— Veux-tu que je lui parle le langage de son pays ?

— Mais, dit le grand camarade avec étonnement, Anglais ou Irlandais, ne parlons-nous pas la même langue?

— Non, répondit Ralph, les pêcheurs de l'Irlande ont un idiome que je sais.

John Colden écoutait et regardait toujours l'enfant avec une muette extase.

Alors Ralph dit au condamné, en patois irlandais :

— Je suis bien heureux qu'on m'ait choisi pour venir te voir, mon bon John, toi qui m'as sauvé du moulin.

— Ah ! dit John dans la même langue, Dieu a donc fait un miracle ?

— Pourquoi ? fit naïvement l'enfant.

— Il a donc fait un miracle pour que je vous voie sous cet habit, continua le condamné.

— C'est Shoking et ma mère, et notre ami l'homme gris qui m'ont mis à Christ's hospital, répondit Ralph. Et je vois tous les jours ma mère et mon amie Suzannah.

— Suzannah ! murmura John, dont les yeux s'emplirent de larmes.

Et l'enfant raconta au condamné comment il était entré à Christ's hospital, sous le nom de Ralph Waterley, et comment Shoking était devenu lord Vilmot.

Et en l'écoutant, John ne pensait plus à lui-même, et il ne songeait plus qu'il allait mourir.

N'avait-il pas devant lui l'enfant promis à la délivrance de l'Irlande ?

— Mon bon John, dit encore le petit Ralph, ils disent tous que tu seras pendu demain.

— A sept heures, dit John.

— Mais je suis sûr que non, moi.

John tressaillit et regarda l'enfant.

— Je suis bien sûr qu'on te sauvera, moi, répéta l'enfant.

Et à ces dernières paroles, il s'éleva dans l'âme du condamné une voix confuse qui lui dit :

— La vérité est dans la bouche des enfants.

Et son âme, où venait de se faire entendre cette voix mystérieuse, s'emplit tout à coup d'une vague espérance.

XXXVIII

John Colden regardait toujours Ralph, cherchant à lire sur son visage la cause de cette assurance avec laquelle il parlait de son salut.

L'enfant était calme, il souriait.

— Oui, mon bon John, disait-il, on te sauvera. Notre ami l'homme gris l'a promis à ma mère, et tu sais bien que tout ce qu'il a promis, il le tient.

— Ah! cher enfant de Dieu, répondit John, puisque vous n'êtes plus au moulin, que m'importe à présent de mourir!

— Tu ne mourras pas, j'en ai la conviction.

John Colden secoua la tête :

— Le prêtre est venu, dit-il.

— L'abbé Samuel?

— Oui.

— Et il t'a dit comme moi que tu ne mourrais pas?

— Non, fit John, il ne m'a pas dit cela.

— Alors c'est que l'homme gris ne lui a pas promis, comme il l'a promis à ma mère.

— Mon Dieu! mon Dieu! murmurait le condamné, j'avais fait le sacrifice de ma vie, j'attendais avec calme ma dernière heure, et voici que cet enfant vient ébranler mon courage.

Le grand écolier de Christ' shospital écoutait sans la comprendre cette conversation du condamné et de son petit camarade.

D'ailleurs, ce jeune homme, — il avait près de vingt ans, — était peu intelligent.

Anglais de pur sang, indifférent et froid, il était venu là comme il eût assisté à un cours.

De temps en temps, pendant que Ralph et John Colden continuaient à causer, il tirait sa montre et paraissait trouver le temps long.

De temps en temps aussi, un œil s'appliquait au trou vitré pratiqué dans la porte.

C'était le surveillant qui avait le droit de voir, mais non pas d'entendre.

Enfin, des pas retentirent dans le corridor et la porte de la cellule s'ouvrit de nouveau.

Cette fois, c'était l'abbé Samuel qui revenait.

En même temps, le gardien chef dit aux deux élèves de Christ's hospital :

— Messieurs, il est temps que vous vous retiriez.

Ralph se jeta au cou de John Colden.

— Adieu, mon jeune maître, dit celui-ci.

— Au revoir, mon bon John, répondit l'enfant.

John secoua la tête.

Il avait regardé l'abbé Samuel et celui-ci lui avait paru triste et résigné.

— Non, dit-il encore, je sais bien que je vais mourir... adieu, mon jeune maître, je meurs pour l'Irlande et pour vous.

— L'Irlande n'abandonne point ses enfants, dit alors le prêtre d'une voix grave et douce.

Et John tressaillit encore, et ce vague espoir qui avait déjà envahi son âme, l'emplit de nouveau.

Les deux écoliers se retirèrent et le prêtre demeura seul avec le condamné.

Ce bruit sourd comme celui d'une tempête lointaine que John avait entendu déjà dans la nuit qui avait précédé l'exécution de Bulton, commençait à se faire entendre et perçait les murs épais de Newgate.

— John, dit l'abbé Samuel, on dresse votre échafaud.

— Ah! dit-il en pâlissant, je savais bien que l'enfant me berçait d'un fol espoir.

— Que vous disait-il, John?

— Qu'on travaillait à me sauver.

— C'est vrai, dit le prêtre.

John attacha sur lui un œil éperdu :

— Ah ! dit-il, je m'étais résigné... ne me donnez donc pas une espérance qui pourrait affaiblir mon courage. Ce matin, d'ailleurs...

— Ce matin, interrompit l'abbé Samuel, je ne pouvais pas rester avec vous jusqu'à la dernière heure.

— Je ne comprends pas, dit John.

— Ce matin, reprit l'abbé Samuel complétant sa pensée, la joie que vous auriez éprouvée en apprenant que nos frères d'Irlande espèrent vous sauver, pouvait vous trahir et tout perdre.

— Et... maintenant ?

— Maintenant, John, j'ai obtenu la permission de demeurer avec vous cette nuit; et comme je ne vous quitterai plus, je puis vous dire : on a l'espoir de vous sauver.

John avait des battements de cœur terribles à mesure que le prêtre parlait.

Celui-ci continua :

— Nos frères travaillent : mais la Providence a quelquefois des vues secrètes, et le plan le mieux combiné peut échouer. A tout hasard, mon ami, il faut me faire votre confession et vous préparer à mourir saintement et noblement, comme un digne fils de l'Irlande que vous êtes.

— Mais, mon père, dit John, comment pourrait-on me sauver? Les murs de Newgate sont épais et les soldats veillent.

Le prêtre ne répondit pas.

Le sourd murmure du dehors grandissait de minute en minute, pénétrant l'enceinte massive de la prison, comme une vibration de cloche gigantesque.

John se mit à genoux; il se confessa, il écouta les exhortations du prêtre qui lui parlait toujours de la vie éternelle, comme si lui-même il eût perdu cette espérance qu'il avait mise tout à l'heure au cœur du condamné.

Les heures passaient, et les bruits du dehors devenaient de plus en plus stridents.

L'abbé tira sa montre.

— Cinq heures, dit-il, ils vont venir.

— Ah! fit John Colden, que l'angoisse reprit un moment à la gorge, nos amis ont échoué, vous voyez bien.

Le prêtre ne répondit pas.

Mais il se mit à réciter en latin les vêpres des morts.

A cinq heures et demie, la porte de la cellule

s'ouvrit et le lord gouverneur, le bon et jovial sir Robert M..., entra.

— Allons, mon ami, voici l'heure... Vous n'avez plus que quelques mauvais instants à passer.

Derrière le sous-gouverneur se tenait le shériff.

Celui-ci s'approcha de John.

— Au dernier moment, John Colden, lui dit-il, je vous adjure, au nom de Dieu et de la justice, de nommer vos complices, si vous en avez.

— Je n'en ai pas, répondit-il.

— Habillez-vous, dit le sous-gouverneur, on va vous conduire à la chapelle.

Et il appela deux gardiens, qui débarrassèrent le condamné de ses entraves et l'aidèrent à s'habiller.

L'abbé Samuel récitait toujours les vêpres des morts.

Quand John fut prêt, il regarda de nouveau le jeune prêtre.

Celui-ci était d'une pâleur mortelle.

— Allons, pensa le condamné, il est comme moi, il a perdu tout espoir.

Appuyé sur le bras de l'abbé Samuel, escorté par le sous-gouverneur, le shériff et une escouade de gardiens, John monta à la chapelle.

Le prêtre avait obtenu la permission de célébrer la messe.

Dans les pays protestants, il arrive souvent que les catholiques, qui sont en minorité, n'ont point d'église et célèbrent dans le temple, à de certains jours et à de certaines heures, les cérémonies de leur religion.

Ainsi fait-on à Newgate, où il n'y a pas de chapelle catholique.

Les gardiens, le sous-gouverneur et le shériff demeurèrent en dehors, le prêtre revêtit ses habits sacerdotaux et dit la messe devant un autel improvisé.

Comme il achevait, un bruit domina tous les autres bruits et vint frapper l'oreille du condamné prosterné sur les dalles.

C'était le tintement lugubre des cloches de l'hôpital Saint-Barthélemy, qui sonnent des glas funèbres, une demi-heure auparavant et pendant tout le temps ensuite que dure l'exécution et que le corps du supplicié demeure accroché au gibet.

Et John se releva, murmurant :

— Il faut mourir... Que Dieu protége et sauve l'Irlande !

XXXIX

John, le rough qui, la nuit précédente, avait conduit l'homme gris dans le logement de Betty, situé, comme on le sait, au-dessus de celui de Calcraff, n'avait rien exagéré dans les détails qu'il avait donnés sur le bourreau de Londres.

Calcraff était un homme entre deux âges, d'une force herculéenne et d'un caractère sombre.

Beaucoup de ceux qui exercent cette terrible profession sont en proie à une éternelle tristesse.

Plusieurs encore, sinon presque tous, sont chirurgiens et s'occupent d'anatomie avec une sorte de passion.

Isolés de la société qui les repousse avec une muette horreur, les bourreaux vivent à l'écart, parlent peu, et se livrent ordinairement à des études sérieuses.

La plupart sont sobres.

Calcraff rentrait de bonne heure, chaque soir, faisait un repas frugal et se couchait.

La veille des exécutions il ne soupait pas.

Ainsi John avait dit vrai. Ce soir-là, Calcraff s'était contenté d'une tasse de thé et s'était mis au lit avant huit heures.

Le gros œuvre, comme on dit, concernait Jefferies.

Calcraff n'avait à se mêler que d'une chose, passer la corde au cou du condamné, lui rabattre le bonnet noir sur les yeux et le lancer dans l'éternité.

Quand il arrivait à Newgate, tout était prêt.

Calcraff dormit donc jusqu'à trois heures et demie du matin et ne se leva que lorsque la sonnerie d'un *réveil* placé sur la cheminée de sa chambre, se fit entendre.

Avant de s'habiller, il trempa ses bras jusqu'au coude dans un baquet d'eau froide et plaça sa tête sous un appareil hydrothérapique qui se trouvait dans le laboratoire et qui laissa pleuvoir dessus une gerbe glacée.

Cet homme qui depuis trente années exerçait son terrible ministère n'avait jamais exécuté un patient sans être pris, deux ou trois heures auparavant, d'un tremblement nerveux dont il ne devenait maître qu'en s'administrant des douches d'eau glacée.

Sa toilette terminée, il s'enveloppa dans son manteau, et descendit sans bruit l'escalier de sa maison, après avoir soigneusement fermé la porte.

Well close square était désert, à cette heure matinale.

Cependant il y avait un cab dans un angle de la place qui paraissait attendre le bourreau.

Ce cab avait été retenu par lui, la veille, à la station de voitures la plus proche.

Calcraff y monta sans prononcer un mot, et le cabman ne lui fit aucune question.

Il savait où il allait.

Jusques à Saint-Paul, le cab put se frayer un passage au milieu de la foule énorme qui de toute part se rendait à Newgate, mais devant Saint-Paul, le cabman s'arrêta.

Calcraff, habitué à cela sans doute, descendit, donna une demi-couronne au cabman et appela deux policemen, de qui il se fit reconnaître.

Alors les deux policemen agitèrent leur bâton et, se plaçant à côté de lui, crièrent:

— Place! place à Calcraff!

Et si compacte qu'elle fût, la foule s'écartait en entendant ces mots, et Calcraff passait.

Le peuple de Londres a une superstition.

Quiconque touche au bourreau, meurt de sa main quelque jour.

Aussi s'écartait-on avec une sorte de terreur, et Calcraff put-il arriver jusqu'à la porte de Newgate, qui s'ouvrit aussitôt devant lui.

Il était alors cinq heures et demie du matin.

Ce fut le portier-consigne qui le reçut.

— Vous êtes en avance, lui dit-il.

— Un peu, répondit Calcraff.

— Le condamné est catholique, comme vous savez.

— Je le sais, dit Calcraff.

— Et on lui dit la messe dans la chapelle.

Calcraff se fit ouvrir la grille qui sépare l'avant-greffe de l'intérieur de la prison et il se rendit à la cuisine, selon son habitude.

Il était fort pâle et, bien qu'il ne tremblât plus, il était en proie à cette émotion qu'il ne parvenait jamais à dominer qu'au dernier moment.

Le cuisinier, le voyant entrer, lui dit :

— Vous venez boire votre tasse de lait ?

— Oui.

Le cuisinier lui présenta une assiette sur laquelle se trouvait un bol de lait froid.

Calcraff le vida d'un trait, le reposa sur l'assiette et sortit de la cuisine sans dire un mot.

Deux gardiens l'accompagnaient.

Il y a à Newgate, tout à côté de la chapelle, une petite salle qui prend le jour par en haut.

C'est la salle de la toilette.

C'est là que le bourreau et son aide attendent que le condamné sorte de la chapelle.

C'est là que la remise leur en est faite solennellement.

Sur un pupitre à hauteur d'appui se trouve un énorme registre tout ouvert.

Le gouverneur et les gardiens entrent avec le condamné dans cette salle, dont on ferme les portes...

Alors le valet du bourreau ouvre une armoire dans laquelle il prend une ceinture de cuir et des courroies.

Les courroies servent à entraver les jambes du condamné, la ceinture lui prend les mains, les ramène et les lie derrière le dos.

Quand ces sinistres préparatifs sont terminés, le gouverneur de la prison, qui est venu là en grand uniforme, dit à Calcraff:

— Maintenant cet homme est à vous.

— Je le reçois, dit Calcraff;

Et il s'approche du registre ouvert et donne un reçu du condamné, qu'il signe de son nom et de son paraphe.

Alors les portes s'ouvrent et le condamné, appuyé sur le ministre ou le prêtre qui l'assiste, et sur le valet de l'exécuteur, s'achemine vers l'échafaud.

Lorsque Calcraff arriva dans la chambre de la toilette, Jefferies y était seul.

Jefferies était plus pâle et plus tremblant que Calcraff et il dissimulait mal son émotion,

Cependant Calcraff n'y prit pas garde.

— Tout est prêt? demanda-t-il.

— Tout, répondit le valet.

Calcraff s'assit sur un banc qui régnait tout le long du mur.

— Est-ce que vous avez encore votre tremblement? demanda Jefferies après un silence.

— Non, mais...

Calcraff s'arrêta et porta la main à son front.

— Quoi donc? fit Jefferies.

— Voilà que j'éprouve une lourdeur de tête.

— Ah!

— J'ai comme du feu dans la poitrine et de la glace sur le front.

Et Calcraff, pris d'un malaise subit, se leva vivement.

— Oh! c'est singulier, dit-il.

Il fit quelques pas et ses jambes tremblèrent.

— Vous devriez pourtant vous habituer, depuis trente ans que vous êtes dans le métier,... dit Jefferies.

— Ce n'est pas l'émotion, c'est... autre chose... Oh! maintenant, voilà que c'est la tête qui me brûle... dit Calcraff.

Et il se laissa retomber sur le banc d'où il s'était levé tout à l'heure.

Un éclair de sombre joie passa alors dans les yeux de Jefferies.

En même temps les cloches de Saint-Barthélemy commencèrent à tinter, et, faisant un effort suprême, le bourreau se releva et dit :

— Il faut pourtant que je fasse mon métier... Bon! voilà que mes jambes fléchissent... Soutiens-moi donc, Jefferies... Qu'est-ce que j'ai, mon Dieu!

— Voulez-vous une autre tasse de lait? dit Jefferies, qui sentait gronder dans son cœur une tempête de joie.

XL

Calcraff n'eut le temps ni d'accepter ni de refuser l'offre que lui faisait Jefferies d'aller lui chercher une seconde tasse de lait.

La porte s'ouvrit et les gardiens qui précédaient le condamné apparurent dans le corridor.

Calcraff avait fini par se lever; mais il s'appuyait au mur et la souffrance qu'il éprouvait devenait de plus en plus vive.

— Voici l'heure, dit un des gardiens en entrant.

Jefferies cessa un moment de regarder Calcraff sur le visage duquel il épiait avec anxiété les progrès de ce mal mystérieux dont il était subitement atteint.

Et, détournant les yeux de Calcraff, il regarda le condamné qui entrait soutenu par le prêtre et par le sous-gouverneur.

Jefferies aperçut l'abbé Samuel, et une légère rougeur monta à son front.

La présence de l'abbé Samuel en ce lieu, c'était une attestation muette que l'homme gris continuait à veiller sur le malheureux qui croyait sa dernière heure arrivée.

John était pâle, mais il marchait la tête haute, et s'il ne conservait que peu d'espoir, du moins il voulait mourir en digne fils de l'Irlande.

L'attitude de John était si noble, si résignée, si exempte de faiblesse, du reste, qu'une grande émotion s'était emparée de tous ceux qui composaient son funèbre cortége.

Le bon sir Robert M..., le sous-gouverneur, avait cessé de rire, et on voyait deux grosses larmes rouler dans ses yeux.

Le shériff dit à Calcraff, selon l'usage :

— Nous vous remettons cet homme, et il est à vous désormais.

Calcraff fit un signe de tête, mais il ne bougea pas de la place où il était.

Peut-être avait-il peur de se laisser tomber en perdant le point d'appui de la muraille.

L'abbé Samuel avait pâli en voyant Calcraff, mais un regard de Jefferies le rassura.

Ce dernier s'approcha alors du condamné avec les entraves et il lui passa la ceinture.

John Colden n'opposa aucune résistance.

Tout le monde se tenait à l'écart, comme si

chacun avait eu peur de toucher à ces courroies maudites qui allaient réduire John Colden à l'impuissance.

Seul, l'abbé Samuel était demeuré auprès de lui, et il y eut un moment où les lèvres de Jefferies furent si près de l'oreille du prêtre qu'elles murmurèrent :

— Calcraff ne peut plus marcher... courage!

John Colden entendit et le sang afflua à son cœur, et son visage pâle s'empourpra tout à coup.

Il se laissa fixer les mains derrière le dos, après la ceinture.

Puis Jefferies se baissa et lui mit les courroies aux pieds.

Alors le gouverneur de la prison, personnage qui n'apparaissait qu'aux grandes occasions, entra et fit un signe à Calcraff.

Celui-ci, par un effort surhumain, s'approcha du registre et se mit à écrire d'une main tremblante le reçu du condamné.

Mais, comme il ne manquait plus que sa signature au bas de l'acte, ses jambes fléchirent, ses genoux ployèrent, et il s'affaissa en murmurant :

— Je crois que je vais mourir.

Ce fut un coup de théâtre.

Les gardiens, le gouverneur, le sous-gouverneur et le shériff se regardèrent.

Jefferies, qui voulait gagner du temps, dit :

— Ce n'est rien. C'est son moment de faiblesse qui le prend. Ordinairement, c'est la veille qu'il l'a.

On savait que Calcraff avait souvent un tremblement nerveux quelques heures avant les exécutions.

Le shériff lui dit :

— Remettez-vous, mon ami, et obéissez à la loi. Du courage!

Mais Calcraff se roulait sur le sol en proie à d'horribles convulsions et disait :

— Ce n'est pas le courage qui me manque, c'est la force.

On le releva, on l'assit sur un banc, le gouverneur tira de sa poche un flacon de sels.

Calcraff essaya par deux fois de se relever, il ne le put pas.

Cependant on n'était plus assez loin du mur d'enceinte de la prison pour ne pas entendre le murmure strident de la foule qui s'impatientait à mesure que l'heure approchait.

— Il faut surseoir à l'exécution, dit le sous-gouverneur.

— C'est impossible! dit le shériff. Allons, Calcraff, levez-vous!

— Je ne peux pas! gémit le bourreau, dont les tortures n'avaient plus de nom.

John Colden était redevenu fort pâle. Il sentait qu'en ce moment sa vie tenait à un miracle.

— Messieurs, dit l'abbé Samuel, le peuple hurle et chacun de ses hurlements augmente l'agonie de ce malheureux.

— Il faut en finir, dit le shériff.

— Certainement, dit le gouverneur.

Alors Jefferies fit un pas vers ce dernier.

— Je ne suis pas le valet de Calcraff depuis vingt ans pour ne le savoir remplacer au besoin, dit-il, et si Votre Honneur daigne le permettre...

— Oui, oui, dit le gouverneur, marchons!...

Et on laissa Calcraff se débattre dans les convulsions, et le shériff fit signe qu'il fallait passer outre.

Le prêtre soutint John Colden et répéta le mot : Courage.

Jefferies se plaça à sa droite et le cortége se mit en route.

Il n'y avait qu'un corridor à traverser pour atteindre la cuisine.

C'est par là, on le sait, que le condamné sort pour mourir.

On avait tendu dans la cuisine deux grands draps blancs qui masquaient les fourneaux et formaient comme une ruelle.

La porte qui allait s'ouvrir sur l'échafaud était encore fermée, mais on entendait, au travers, les trépignements et les sourds frémissements de la foule impatiente de voir mourir un homme.

En ce moment John Colden sentit un peu de sa force d'âme l'abandonner.

Comment pouvait-il croire encore qu'on allait le sauver?

C'est à cette dernière minute qu'on offre au condamné un verre de gin.

Le cuisinier se présenta donc avec un platea sur lequel était un verre plein.

John Colden le refusa.

— A quoi bon? dit-il.

Et il se remit en marche.

Alors la porte s'ouvrit.

Un moment John Colden s'arrêta, ivre d'horreur et serré à la gorge par cette mystérieuse épouvante de la mort qui s'empare des plus braves.

Il venait de voir l'échafaud de plain-pied avec le seuil de la porte et tout à l'entour une nuée de têtes qui vociféraient.

Les torches des aides brûlaient encore.

La corde pendait au gibet.

— Courage! dit le prêtre.

Et il embrassa le condamné.

John Colden fit un effort suprême, et, franchissant le seuil de la porte, il se trouva sur l'échafaud.

Alors, il promena un dernier regard, un regard où se lisait encore un reste d'amour pour la vie, mélangé à une résignation toute chrétienne.

Jefferies lui passa le nœud fatal autour du cou.

John se retourna et chercha le prêtre des yeux.

Le prêtre n'était plus là.

— Allons! murmura-t-il, c'est fini... Dieu sauve l'Irlande!

Et comme il regardait encore, cherchant dans cette marée humaine un visage ami, Jefferies lui abaissa le bonnet noir sur les yeux, et il ne vit plus rien!

. . . .

XLI

Pour comprendre maintenant ce qui allait se passer, il faut sortir de Newgate, abandonnant un moment John Colden, qui avait déjà la corde au cou et le fatal bonnet sur les yeux, et rejoindre l'homme gris et Shoking. Ceux-ci n'avaient pas bougé de cette chambre dans laquelle le commis dormait toujours profondément.

Jusqu'à l'heure où les cloches de Saint-Barthélemy avaient commencé à se faire entendre, l'homme gris, accoudé à la fenêtre, dominant cette nuée de têtes d'où montait un murmure plus strident de minute en minute, avait tranquillement fumé cigare sur cigare. La lueur des torches, que les sous-aides du bourreau avaient fichées aux quatre coins de l'échafaud, projetait dans la chambre assez de clarté pour que l'homme gris et Shoking se passassent de lumière.

Au petit jour, les torches s'éteignirent; puis les cloches commencèrent à tinter. Alors l'homme gris quitta la fenêtre et dit à Shoking :

— Je vais avoir besoin de ton épaule.

— Comment cela?

— Tu vas voir.

Il ferma la fenêtre et alla prendre sur la cheminée cette boule de cuivre qu'il avait apportée dans sa poche et qui avait la grosseur d'une pomme de calville.

— Regarde bien, dit-il.

— Bon! fit Shoking, qu'est-ce que cela?

— Cette boule est creuse.

— Ah!

— Elle est pleine d'air comprimé et si elle éclatait, elle produirait l'effet d'une bombe : c'est-à-dire que ses éclats iraient tuer à cent mètres et briseraient tout ce qu'ils rencontreraient...

— Après? fit Shoking avec curiosité.

L'homme gris prit ensuite la canne à laquelle il ajusta une petite crosse.

Puis il vissa la boule en dessous.

— Voilà que cela ressemble à un fusil, dit Shoking.

— C'en est un.

— Où est la balle?

— Dans le canon. Vois-tu la détente?

— Oui.

— Eh bien! cette détente fait mouvoir un piston; ce piston descend dans la boule pleine d'air comprimé et soulève une soupape.

La soupape laisse échapper un jet d'air et ce jet d'air chasse la balle avec autant de force qu'une charge de poudre.

Le canon est rayé et la balle va tout droit à son but, pour peu que le tireur ait visé juste.

— Mais, dit Shoking, on entendra le bruit du coup.

— Imbécile! répondit l'homme gris, un fusil à vent ne fait pas de bruit : sans cela je me servirais d'une arme à feu.

— Maître, dit encore Shoking, qu'arriverait-il si votre balle ne coupait pas la corde?

— John Colden serait perdu.

Shoking frissonna, puis, regardant son interlocuteur :

— Pourquoi donc avez vous besoin de mon épaule?

— Pour me faire un point d'appui et viser plus juste.

— Ah!

Le fusil était prêt. L'homme gris s'approcha de la fenêtre, mais, au lieu de l'ouvrir, il passa sa main gauche sur un des carreaux, et Shoking entendit un sourd crépitement.

Avec un diamant qu'il avait au doigt, l'homme gris venait de couper une vitre.

— Que faites-vous ? dit Shoking.

— Je fais un passage à la balle.

— Pourquoi ne pas ouvrir simplement la fenêtre?

— Parce qu'il faut tout prévoir, et que si la fenêtre était ouverte, nous pourrions être aperçus des gens qui seront sur l'échafaud au dernier moment. Les cloches sonnaient toujours et le jour grandissait.

La foule avait peine à contenir son impatience, car le moment approchait.

— Mets-toi là, dit l'homme gris en plaçant Shoking au milieu de la chambre, à deux pas de la fenêtre et tiens-toi bien quand tu sentiras le canon du fusil sur ton épaule.

— Soyez tranquille, répondit Shoking, je serai aussi immobile qu'une statue.

L'homme gris s'approcha de la fenêtre et attendit, la montre à la main.

Sept heures sonnèrent. Au même instant, la porte de Newgate s'ouvrit et le condamné parut.

La foule se prit à trépigner et on entendit de sourds craquements. C'étaient les chaînes qui entouraient l'échafaud qui se brisaient sous l'effort de la foule.

L'homme gris vit John Colden debout sur l'échafaud, à côté de Jefferies, plus pâle que lui.

Et alors il revint derrière Shoking et appuya le canon du fusil sur son épaule.

Le bonnet noir fut abattu sur les yeux du condamné, la trappe joua et un immense murmure monta des profondeurs de la foule.

John Colden se balança dans les airs l'espace d'une seconde. Soudain l'homme gris pressa la détente et la balle siffla.

Soudain aussi la corde fut coupée en deux, à un pied ou deux de la tête de John Colden.

Et le pendu tomba sur le sol, en même temps qu'une nouvelle rumeur se faisait entendre... La foule avait brisé les chaînes, envahi l'espace resté libre autour de l'échafaud, bousculé les policemen et renversé l'échafaud...

Alors l'homme gris et Shoking rouvrirent la fenêtre et purent voir un spectacle inouï.

Les fenians étaient maîtres du terrain et ils emportaient John Colden évanoui, mais vivant.

. . . .

— Maintenant, dit l'homme gris à Shoking, sauvons-nous et au plus vite, car il ne fait pas bon ici désormais.

XLII

On lisait le lendemain dans le *Times*.

« Il est temps que le gouvernement de Sa Majesté la reine s'aperçoive des périls que nous courons et qu'il mette un terme à l'audace toujours croissante du fenianisme.

Ce n'est plus seulement la police qu'il faut armer et mettre en campagne.

La police est insuffisante vis-à-vis de cette armée occulte, souterraine, et qui menace notre ordre social jusque dans ses fondements.

C'est avec une profonde stupeur que nous avons appris et que l'Europe apprendra ce qui s'est passé hier.

Un Irlandais, appelé John Colden, condamné à mort pour crime d'assassinat, a été enlevé sur l'échafaud même et soustrait à la vindicte publique.

Diverses circonstances mystérieuses ont précédé et suivi cet événement étrange et audacieux.

Calcraff, le bourreau de Londres, arrivé à Newgate vers six heures du matin pour y remplir son ministère, a été pris subitement de convulsions et de coliques, et comme il était impossible de surseoir à l'exécution, c'est son valet, nommé Jefferies, qui l'a remplacé.

Le condamné, assisté d'un prêtre Irlandais, est monté sur l'échafaud.

On lui a passé la corde au cou, on l'a coiffé ensuite du bonnet noir et la trappe s'est ouverte, lançant le patient dans l'espace.

Mais au même instant la corde s'est cassée, et le patient est tombé sur le sol, encore vivant.

Au même instant aussi le peuple a brisé les chaines qui entouraient l'échafaud, et, malgré la police, malgré la force armée, le patient a été enlevé et emporté.

Jusqu'à présent il a été impossible de savoir ce qu'il était devenu.

Tout ce qu'on sait, c'est que dix ou quinze mille Irlandais entouraient l'échafaud, et que le peuple ordinaire de Londres, celui qui se presse aux exécutions, n'avait pu approcher.

Les policemen de service dans la Cité ont affirmé que, dès la veille, neuf ou dix heures du soir, une véritable marée humaine avait envahi les abords de Newgate, et que l'élément irlandais y dominait.

Un brigadier de policemen était même allé à

Scotland Yard avertir sir Richardson, le chef de la police de Londres.

Mais cet honorable magistrat n'a pas soupçonné le but réel de cette manifestation populaire, et il s'est borné à doubler le nombre des policemen.

Ce n'est qu'après deux ou trois heures, et quand la foule a fini par s'éclaircir, qu'on a fini par comprendre ce qui s'était passé.

D'abord on a cru que Jefferies, le valet du bourreau, était le complice des fenians et qu'il avait pratiqué une entaille à la corde qui, dès lors, se serait brisée facilement sous le poids du condamné.

Mais il a fallu renoncer à cette supposition et reconnaître l'innocence de Jefferies.

La corde a été coupée par une balle, au moment même où elle se tendait.

On a retrouvé cette balle dans le mur de la prison, un peu à gauche de la porte.

Cependant on n'avait pas entendu de coup de feu.

A force de recherches, voici ce qu'on a appris :

Tout le monde connait à Londres la grande maison de banque Harris et Cie.

Ses bureaux sont situés dans Old Bailey, vis-à-vis Newgate et précisément en face de l'endroit où on dresse ordinairement l'échafaud.

Un seul employé couche dans la maison.

Tous les autres, y compris leur chef, M. Harris, demeurent dans l'agglomération et arrivent le matin par les chemins de fer ou les omnibus.

L'étonnement de ces divers employés a été grand lorsqu'ils ont trouvé la porte fermée à dix heures du matin.

La police avait fini par faire évacuer Old Bailey, l'échafaud avait disparu et tout était rentré dans l'ordre accoutumé.

Cependant le caissier avait frappé vainement, la maison demeurait close et l'employé gardien ne paraissait pas.

Un serrurier a ouvert la porte.

Alors on est monté dans la chambre où M. Smith, c'est le nom de cet employé, couche ordinairement.

On l'a trouvé sur son lit, en proie à un profond sommeil, dont il a été impossible de le tirer tout d'abord.

Un médecin, appelé sur-le-champ, a constaté qu'il était sous l'imfluence d'un marcotique puissant, et ce n'est qu'en lui faisant respirer de l'éther à forte dose qu'il est parvenu à le rappeler à la vie.

Pressé de questions, l'employé a répondu alors qu'il avait, sur l'ordre de M. Harris, introduit la veille, dans sa chambre, un Français curieux de voir de près une exécution capitale, que ce Français lui avait offert un cigare et que lui, M. Smith, s'était endormi après avoir aspiré trois gorgées de fumée.

La police a été avertie.

Elle a commencé par découvrir un carreau de la fenêtre coupé avec un diamant; puis elle a retrouvé dans un coin de la chambre un fusil à vent, celui qui a servi sans doute à chasser la balle qui est allée s'enfoncer dans le mur de Newgate, après avoir opéré la section de la corde.

A propos de fusil à vent, il faut que la police de Londres nous permette de lui donner un conseil.

En France, le fusil à vent est une arme prohibée, et en France on a raison.

En Angleterre, cette arme qui ne fait aucun bruit et qui peut, par conséquent, servir à commettre des crimes, est vendue publiquement chez tous les arquebusiers.

Nous respectons la liberté, mais nous ne pensons pas que cette liberté doive s'étendre jusqu'à permettre la vente d'un engin qui peut être employé d'une manière aussi funeste.

M. Harris, averti par la police, s'est empressé d'accourir, et voici les renseignements qu'il a donnés :

Un Français, se faisant appeler Firmin Bellecombe, se disant chargé par le gouvernement de son pays d'une mission scientifique, s'est présenté porteur d'une lettre de crédit importante.

M. Harris a cru pouvoir se mettre entièrement à sa disposition et accéder à tous ses désirs.

C'est ainsi qu'il a obtenu la permission de visiter Newgate, Saint-Barthélemy, et enfin qu'il s'est installé dans cette chambre de la maison de banque, dans le but, disait-il, de faire des études sur la mort par strangulation.

Cet audacieux étranger est-il réellement Français ? On en doute.

Ce dont on est sûr, par contre, c'est qu'il était de connivence avec les fenians qui ont enlevé John Colden.

On est à sa recherche et on a tout lieu d'espérer que la police l'arrêtera.

Le mal subit qui s'était emparé de Calcraff a été pareillement l'objet d'une enquête.

On a cru d'abord que Calcraff avait été empoisonné dans une tasse de lait.

Un chimiste, ayant analysé ce qui restait au fond du bol, a déclaré qu'il n'y avait aucune trace de poison.

Du reste, Calcraff a été rétabli au bout de quelques heures.

Il est rentré chez lui, et là, il a pu constater qu'un trou avait été percé dans le plafond de son laboratoire.

Ce trou, comme on va le voir, a été un indice précieux pour la police... »

XLIII

L'article du *Times* continuait ainsi :
« Calcraff demeure dans Well close square, quartier du Wapping.

Il habite une maison de chétive apparence occupée par un publich-ousse au rez-de-chaussée et par des gens sans aveu aux étages supérieurs.

Parmi ces derniers est une femme, si on peut donner ce nom à une créature perdue de vices et de débauches, qui vit avec les matelots et les voleurs, et est perpétuellement en état d'ivresse.

Cette femme, qui se nomme Betty, occupe une chambre juste au-dessus du laboratoire de Calcraff.

C'est donc chez elle que le trou a été percé à l'aide d'une tarière.

Betty a été arrêtée.

Mais elle a prouvé qu'elle n'avait point passé la nuit chez elle depuis trois jours.

Seulement, elle s'est souvenue avoir passé la soirée dans une taverne appelée le Black horse, en compagnie de deux hommes qu'elle a parfaitement dépeints.

L'un est un de ces ouvriers des docks qui appartiennent à la canaille de Londres.

C'est un rough appelé John.

Il a été facile de le retrouver dans un public-house où il buvait sans relâche depuis l'avant-veille, montrant complaisamment une poignée d'or qui lui avait été donnée, disait-il, par lord Vilmot.

Qu'est-ce que lord Vilmot?

Nul ne le sait, et, en dépit des assertions du rough, aucun membre du parlement ne porte ce nom-là.

Selon lui, ce lord Vilmot serait un seigneur excentrique qui se déguise en mendiant et court les tavernes du Wapping en se faisant appeler Shoking.

Pressé de questions et menacé d'être mis en prison, John a fait des aveux.

Il a reconnu qu'il avait passé la soirée au Black horse avec Betty et un certain personnage dont il a donné le signalement et qui n'est connu dans le Wapping que sous le sobriquet de l'*homme gris*.

Cet homme gris l'aurait aidé à coucher Betty ivre morte sur un banc de Well close square et à lui voler ensuite la clé de sa chambre.

Tous deux, pour satisfaire une fantaisie de ce mystérieux lord Vilmot, qui est, paraît-il, introuvable, se sont introduits dans la chambre de Betty, tandis que cette créature dormait à la belle étoile.

Alors l'homme gris a percé un trou dans le plancher, au-dessus du laboratoire de Calcraff, afin, disait-il, de se procurer de la corde de pendu pour plaire à lord Vilmot.

Mais, le trou percé, cet homme a renvoyé le rough et il est resté seul dans la chambre de Betty.

A quoi a servi ce trou?

On a fini par le découvrir.

Calcraff prend du thé le soir, et la théière dont il se sert était précisément au-dessous de ce trou sur une table.

Le même chimiste qui avait analysé le bol de lait, a trouvé dans la théière une substance vénéneuse qui a occasionné les vomissements et les tranchées auxquelles il s'était trouvé en proie le lendemain.

On a tout lieu de croire que les fenians, dont l'homme gris paraît être un agent important, avaient voulu empoisonner le bourreau pour gagner du temps et faire surseoir à l'exécution.

Enfin, le rough John, ayant été mis en rapport avec M. Harris, lui a dépeint ce personnage appelé l'homme gris avec une exactitude si parfaite que le banquier a cru reconnaître le Français Firmin Bellecombe.

La police continue ses investigations, mais jusqu'à présent elle n'a pu découvrir ni le prétendu lord Vilmot ni l'homme gris.

Il est probable que ces deux hommes sont affiliés au fenianisme. »

Ainsi se terminait l'article du *Times*.

Or, il était dix heures du matin, et lord Palmure, qui achevait de déjeuner, en avait fait la lecture à sa fille miss Ellen.

Miss Ellen était demeurée impassible.

— Que pensez-vous de tout cela, Ellen? dit enfin le noble lord.

— Mon père, répondit-elle, je pense que le *Times* se trompe.

— Comment cela ?

— Ne dit-il pas que cet homme qu'on appelle l'homme gris est affilié aux fenians?

— Oui.

— Le *Times* se trompe. Cet homme n'est point un affilié, c'est leur chef suprême.

Lord Palmure eut un geste d'étonnement.

— Cet homme poursuivit miss Ellen, est le même qui nous a enlevé Ralph.

— Oh ! par exemple !

— Le même qui a osé venir ici... en pleine nuit...

— Vous l'avez donc vu ?

— Oui, mon père.

— Et c'est un Français ?

— Je ne sais pas. Il parle le français, l'anglais et l'allemand avec une remarquable pureté.

Cet homme, poursuivit miss Ellen, est celui-là

même qui vous a mis un masque de poix sur le visage.

— Est-ce possible ?

— C'est lui qui a sauvé Ralph du moulin, c'est lui qui l'a fait disparaître.

— Et où peut-il être cet enfant? dit encore lord Palmure.

— Je le sais, moi.

— Vous !

— Oui, mon père. Il est aujourd'hui, sous un nom d'emprunt, inscrit sur les registres de Christ' shospital et, par conséquent, inviolable.

Lord Palmure poussa un cri de rage.

— Mais comment savez-vous tout cela? dit-il.

Miss Ellen fronça le sourcil.

— Écoutez-moi, mon père, dit-elle enfin.

— Parlez...

— Je ne suis qu'une femme, moi, mais je me suis fait un serment.

— Lequel ?

— Celui de briser l'œuvre tout entière, en terrassant l'ouvrier.

— Je ne vous comprends pas.

— Le jour où les fenians n'auront plus de chef, ils seront vaincus.

— Et, selon vous, ce chef est cet *homme gris* ?

— Oui.

— Et c'est avec lui que vous voulez lutter ?

— Je lutterai et je triompherai, dit froidement mis Ellen.

— Vous, ma fille ?

— Moi, mais à une condition.

— Voyons ?

— Au lieu de m'interroger, mon père, au lieu de vouloir pénétrer mes projets, vous les servirez aveuglément.

— Mais.

Un sourire altier vint aux lèvres de la jeune fille :

— Oh ! je sais bien, dit-elle, que je ne suis qu'une femme, une enfant même, et il est temps encore que je reste dans mon rôle. Cependant j'ai la foi qui fait les âmes hardies, j'ai la volonté, j'ai le génie !...

Seule, toute seul, si vous le voulez, mon père, j'engagerai avec le personnage mystérieux que je hais, une lutte dans laquelle il succombera, je vous le jure.

Lord Palmure regardait sa fille avec une sorte d'admiration.

— Et, dit-il, pour cela il faut que je vous obéisse.

— Sans m'interroger jamais.

— Soit, dit le noble lord.

— Vous me le promettez, mon père ?

— Je vous le jure.

Un éclair passa dans les yeux de miss Ellen.

— A nous deux donc, l'homme gris, murmura-t-elle, je saurai bien t'arracher ton masque et te faire dire ton vrai nom.

A nous deux ?

XLIV

Miss Ellen, fille de lord Palmure, avait donc juré la perte de l'homme gris.

Était-ce parce que ce mystérieux personnage avait osé s'introduire chez elle en pleine nuit et lui tenir un langage plein d'audace ?

Était-ce parce qu'il s'était jeté au travers des projets de lord Palmure et lui avait arraché cet enfant sur lequel le noble pair avait fondé de secrètes espérances de fortune ?

Était-ce enfin parce que cet homme l'avait, par deux fois, tenue courbée sous son regard dominateur ?

Non, miss Ellen eût peut-être pardonné tout cela.

Elle haïssait maintenant l'homme gris, elle

s'était fait le serment de lui voir un jour au cou la corde de Calcraff, parce que l'homme gris avait son secret.

Et qu'il nous soit permis de nous reporter à ce jour où il lui était apparu dans cette petite chambre d'une maison de Sermon lane où la jeune patricienne allait revêtir son costume de dame des prisons.

On se rapelle ce qui s'était passé.

L'homme gris avait dit à miss Ellen :

— Je sais où sont les lettres d'amour que vous avez écrites au malheureux Dick Harrisson.

Et dès lors, miss Ellen avait fait tout ce qu'il avait voulu.

Elle avait consenti à céder son voile noir et sa robe de laine à Suzannah l'Irlandaise ; elle avait attendu dans cette chambre le retour de la maîtresse de Bulton.

Puis, quand Suzannah était revenue, lorsqu'elle lui avait rendu ce costume que miss Ellen considérait désormais comme souillé par un impur contact, elle l'avait entassé pièce à pièce, à l'exception de la plaque de cuivre, dans le poêle de faïence qui se trouvait dans la chambre et elle y avait mis le feu.

On se souvient encore que l'homme gris, en quittant miss Ellen, lui avait dit :

— Demain, à minuit, je serai chez vous.

L'homme gris n'avait point tenu sa parole.

Pourquoi?

Miss Ellen, le lendemain soir, en rentrant chez elle, avait trouvé une lettre sur sa cheminée.

D'où venait-elle ? qui l'avait apportée? mystère!

La lettre était ainsi conçue :

« Miss Ellen,

» Je m'absente pour quelques jours et ne puis être au rendez-vous que je vous ai donné. Ne craignez rien, *elles* sont en sûreté.

» Votre ennemi. »

Depuis lors, miss Ellen avait attendu vainement. L'homme gris n'avait point reparu.

Mais, comme on le voit, le *Times* donnait de ses nouvelles, et miss Ellen avait fait le serment de perdre cet homme qui avait l'audace de posséder le secret de sa faute.

Donc, la fière patricienne avait obtenu que son père devînt l'aveugle instrument de ses volontés.

Dès ce jour-là, elle lui dit :

— Mon père, l'argent est le nerf de la guerre, il me faut un crédit illimité chez vos banquiers.

Lord Palmure lui avait remis un volumineux carnet de chèques de la banque de Londres, lui disant :

— Quand il sera épuisé, je vous en remettrai un autre.

Et, le soir même, miss Ellen se mit en campagne.

A huit heures et demie, tandis que lord Palmure se rendait au parlement, miss Ellen vêtue de couleurs sombres, un voile épais sur le visage et enveloppée dans un grand manteau dont le capuchon pouvait au besoin dissimuler complétement ses traits, miss Ellen, disons-nous, monta dans un petit coupé bas, attelé d'un seul cheval, conduit par un cocher sans livrée, et, quittant l'aristocratique quartier de Belgrave square, se fit conduire de l'autre côté du pont de Westminster, dans le quartier du Soutwark.

— Adams' street! avait-elle dit au cocher, pour lui indiquer la rue où elle voulait aller.

C'était dans Adams' street, si on s'en souvient, que logeait la pauvre mistress Harrisson, la mère de l'infortuné Dick, qui était mort d'amour pour miss Ellen.

Le coupé était traîné par un excellent cheval, et, bien que le trajet fût assez long, miss Ellen fut bientôt arrivée à l'entrée d'Adams' street.

Là elle fit arrêter, mit pied à terre, enjoignit au cocher de ne point bouger de place et s'aventura toute seule dans ce quartier misérable, où une femme de qualité n'aurait pas osé passer eû plein jour.

Le Soutwark n'est pas, du reste, un quartier dangereux et mal famé comme White Chapel et le Wapping.

Quelques belles de nuit, quelques ivrognes en parcourent les rues; il y a peu de voleurs, par la raison toute simple qu'il n'y a rien à voler.

Les tavernes, qui sont assez rares, sont rarement aussi le théâtre de ces scènes de meurtre qui ensanglantent si souvent les quartiers populeux de Londres.

Les habitants sont mi-partie anglicans, mi-partie catholiques.

C'est dans le Soutwark qu'est, du reste, la cathédrale de ces derniers, Saint-George.

Peut-être aussi est-ce à cause de cela que les prêtres anglicans, avides de propagande et de conversions, sont plus nombreux là que partout ailleurs.

Il y a des chapelles à chaque coin de rue, et il n'est pas de famille catholique qui ne soit épiée, surveillée, et auprès de laquelle les clergymen ne tentent mille efforts pour la ramener dans le giron de l'Église réformée.

Où allait miss Ellen ?

Elle passa sans s'arrêter devant la porte de cette maison, où était mort Dick Harrison ; elle suivit Adams' street dans toute sa longueur, et ne ralentit sa marche qu'à l'entrée d'un de ces passages noirs, qui sont nombreux dans Londres et qui portent le nom de *court*.

Celui-là se nommait *King's court*, ce qui voulait dire *passage du Roi*.

Ce n'était certainement pas la première fois que miss Ellen s'aventurait dans ce quartier, car elle entra dans le passage sans aucune hésitation, et peu soucieuse de l'obscurité brumeuse qui y régnait et que ne parvenait point à dissiper un maigre et unique bec de gaz placé à l'entrée.

Elle chemina jusqu'au milieu et frappa à une porte qui se trouvait sur la gauche.

La maison dans laquelle cette porte donnait accès était noire, enfumée, composée d'un seul étage et d'un rez-de-chaussée, et les fenêtres en étaient garnies de carreaux de papier huilé, en guise de vitres.

Une seule de ces fenêtres était éclairée; si toutefois on pouvait prendre pour de la clarté un rayon blafard qui s'en échappait.

Miss Ellen frappa trois petits coups secs et régulièrement espacés.

Alors une voix se fit entendre derrière la porte.

— Qui est là ? disait-elle.

— Je viens de Chester street, répondit miss Ellen.

La porte s'ouvrit.

La jeune patricienne se trouva alors au seuil d'une salle délabrée, d'où s'échappait une odeur nauséabonde, et au milieu de laquelle un poêle en faïence laissait échapper quelques flammes bleuâtres.

C'était la clarté aperçue du dehors.

Deux enfants, demi-nus, un petit garçon et une fille de dix ou douze ans, étaient couchés sur un amas de paille fétide.

Auprès du poêle, une femme encore jeune, mais dont le visage amaigri trahissait une vie de privations, raccommodait, à la lueur du foyer quelques loques qui n'avaient plus forme de vêtements humains.

En voyant miss Ellen, cette femme se leva avec une sorte d'empressement.

— Ah! dit-elle, vous cherchez Paddy, n'est-ce pas?

— Oui, dit miss Ellen.

— Il n'est plus ici, milady, les hommes de loi l'ont emmené; il est en prison.

Les enfants s'étaient levés et entouraient la jeune fille avec une sorte de curiosité mélancolique.

— Oui, reprit la femme, depuis que vous nous avez abandonnés, milady, le malheur est revenu... Paddy est en prison, et sans la charité d'un prêtre catholique, nos enfants et moi serions morts de faim...

Miss Ellen ferma la porte, puis elle vint s'asseoir silencieusement auprès du poêle, sans temoigner la moindre répugnance pour ce bouge infect, où régnait une atmosphère nauséabonde.

XLV

La pauvresse continua :

— Vous nous avez abandonnés, milady, et vous

avez eu bien tort, je vous jure, car Paddy n'était point coupable ; il a bien fait tout ce qu'il a pu pour faire parler mistress Harrisson et lui arracher son secret.

Prières et menaces n'y ont rien fait.

Quand il vous a dit que lui et les hommes qu'il avait employés par votre ordre, ont tout bouleversé dans le logis de la pauvre dame, fouillé partout et qu'ils sont allés jusqu'à la menacer de la tuer, si elle ne vous rendait pas ce qu'elle savait, il vous a dit la vérité.

Mais vous n'avez pas voulu me croire et vous nous avez abandonnés.

— Je m'en repens, dit simplement miss Ellen, et je vais venir de nouveau à votre aide.

Ce disant, elle posa deux guinées sur le poêle.

La pauvresse allongea vivement la main vers cet or et un rayon de joie brilla dans ses yeux.

Mais ce rayon s'éteignit presque aussitôt.

— Hélas ! dit-elle, cela ne me rendra pas mon Paddy.

— Il est donc en prison ? demanda miss Ellen.
— Oui, milady.
— En prison pour dettes ?
— A White cross, milady.
— Et pour quelle somme ?

— M. Thomas Elgin, qui savait que vous lui vouliez du bien, lui avait prêté cinq guinées, à la condition qu'il en rendrait quinze.

— Et c'est lui qui l'a fait mettre en prison?

— Oui, milady.

— Il faudra l'aller délivrer, Ann, dit miss Ellen.

Et elle tira de son sein un petit portefeuille en maroquin vert et en retira un billet de vingt livres, qu'elle tendit à la pauvresse.

Celle-ci jeta un cri de joie, puis elle se mit à genoux devant la jeune fille et baisa le bas de sa robe.

— Relevez-vous, Ann, dit miss Ellen, il est trop tard, ce soir, pour que vous alliez à White cross payer la pension de votre mari; mais vous irez demain, n'est-ce pas?

— Oh! oui, milady, dès demain matin.

— Et vous lui direz que j'ai de la besogne à lui donner; et que s'il veut venir dans Chester street demain, à pareille heure, et m'attendre à la petite porte du jardin, je lui apprendrai des choses qui lui seront agréables.

La pauvresse pleurait de joie et les enfants baisaient avec tendresse les mains de miss Ellen.

Celle-ci reprit :

— Ne me disiez vous pas, Ann, que vous aviez été réduite à implorer la charité d'un prêtre catholique?

— Oui, milady.

— Vous n'êtes pourtant pas de cette religion?

— Non, milady, mais la paroisse n'a rien voulu faire pour nous, disant que nous ne sommes pas du quartier. J'ai voulu conduire mes enfants à la maison de refuge ; on les a refusés en disant qu'il n'y avait pas de place.

Il y avait un mois que Paddy était en prison. J'avais tant travaillé que j'avais les yeux comme perdus ; nous avions tout vendu, et le jour sans pain était arrivé.

Mes pauvres enfants n'avaient pas mangé depuis la veille et je me soutenais à peine.

Comme je les entendais crier et pleurer, le désespoir me prit ; je sortis comme une folle et je m'en allai par les rues tendant la main, au risque de me voir conduire en prison par un policeman.

Mais dans le Soutwark, qui donc pourrait faire l'aumône, puisque tout le monde aurait besoin de la recevoir?

Il y avait plus de deux heures que j'errais à l'aventure, implorant vainement la charité des passants.

Mes forces s'épuisaient, mes oreilles bourdonnaient, j'avais du sang dans les yeux.

A force de marcher, j'étais arrivée à la porte de Saint-George, l'église des catholiques.

Là, mes yeux se fermèrent, en même temps que mes jambes fléchissaient, et je m'écriai :

— Mon Dieu ! laissez-moi mourir, si telle est votre volonté, mais donnez du pain à mes enfants...

Un prêtre sortait de l'église en ce moment.

Il entendit mes dernières paroles, il vint à moi et me releva.

— Dieu est bon, me dit-il, et il n'abandonne jamais ceux qui s'adressent à lui.

Que voulez-vous, milady, poursuivit Ann avec émotion, j'oubliai en ce moment tout ce que les clergymen nous ont enseigné contre les prêtres catholiques.

Celui-là me donna le bras et voulut que je le conduisisse auprès de mes enfants.

En route, il entra chez un boulanger et il acheta du pain, puis chez un boucher et il y prit un morceau de viande, et enfin dans un public-house, où il se fit donner un pot de bière.

Il ne me demanda pas, lui, si j'étais anglicane ou catholique. Il disait que tous les hommes sont frères.

Chaque semaine, il vient nous visiter et il nous donne une couronne. C'est de quoi vivre pendant huit jours.

— Lui avez-vous dit que Paddy était en prison?

— Hélas! oui, répondit Ann, mais il n'est pas riche, le pauvre homme, et je crois bien qu'il donne aux pauvres le peu qu'il a. Où aurait-il pris quinze guinées?

— C'est juste.

Miss Ellen garda un moment le silence, puis tout à coup :

— Ainsi il vient toutes les semaines?

— Oui, milady.

— A jour fixe?

— Oui.

— Quel est ce jour?

— Le dimanche soir.

Miss Ellen réfléchit qu'on était alors au lundi.

— Ainsi, dit-elle, il est venu hier?

— Oui, milady.

— Et vous ne le verrez pas avant dimanche prochain?

— Je ne crois pas.

Miss Ellen réfléchit encore.

— Vous dites, reprit-elle encore, que c'est un prêtre de la paroisse Saint-George?

— Non, répondit Ann, il est de Saint-Gilles, de l'autre côté de l'eau, mais il vient à Saint-George quelquefois.

— Miss Ellen tressaillit.

— Savez-vous son nom? dit-elle encore.

— Oui, on l'appelle l'abbé Samuel.

Ce nom n'était sans doute pas inconnu à miss Ellen, car elle ne put réprimer un geste de surprise et peut-être de joie.

— Vous le connaissez? dit Ann.

— On m'en a parlé. Il est jeune, n'est-ce pas?

— Tout jeune. Il n'a pas trente ans.

Miss Ellen se leva.

— Ann, dit-elle, suivez bien le conseil que je vais vous donner.

— Parlez, milady.

— Demain matin, vous irez à White cross, et vous ferez mettre votre mari en liberté.

— Oui, milady.

— Puis, vous lui direz que sa fortune, la vôtre, celle de vos enfants est faite s'il veut m'obéir.

— Oh! il passera dans le feu pour vous, s'il le faut, dit Ann.

Miss Ellen sourit.

— Non, dit-elle, je ne lui demanderai rien

d'impossible. Vous lui direz qu'il ne manque pas de venir demain soir.

— Dans Chester street, à la petite porte du jardin?

— Oui.

— Il y sera, milady, je vous le jure.

— Faites-moi encore une promesse, Ann.

— J'écoute, milady.

— Si par hasard le prêtre catholique vous venait visiter avant dimanche, vous ne lui parleriez pas de moi.

— Je vous le jure, dit Ann.

Miss Ellen se leva, laissa retomber son voile sur son visage et s'en alla.

— Je suis bien sur la trace de l'abbé Samuel, se dit-elle, quand je tiendrai celui-là, je serai sur la piste de l'homme gris!

Voici que le hasard se met dans mon jeu.

Et miss Ellen rentra dans Adam's street pour rejoindre la voiture qui l'attendait à l'autre extrémité.

XLVI

Comme miss Ellen entrait dans Adam's street deux roughs complétement ivres sortaient d'une taverne.

Miss Ellen doubla le pas.

Néanmoins l'un de ces deux hommes l'atteignit, lui prit la taille et lui dit :

— Où vas-tu donc ainsi, cher amour?

Miss Ellen avec la souplesse d'une couleuvre glissa des bras de l'ivrogne et prit la fuite.

Mais l'ivrogne et son compagnon se mirent à courir après elle.

Le rough lui criait :

— Tu as beau te sauver, je te reconnais... tu es Fanny, la fille de l'écaillère Bentam, et tu cours chez John Farlen, ton amant.

En parlant ainsi, le rough était de bonne foi; et miss Ellen avait beau courir, il la gagnait de vitesse, repétant :

— Tu es la fille à la mère Bentam, je te reconnais, et la maîtresse de ce fainéant de John Farlen, à qui j'ai cassé trois dents d'un coup de poing; mais ça n'est pas assez. Je veux lui prendre sa femme... et nous verrons alors, s'il est bon à quelque chose.

Miss Ellen courait de toutes ses forces ; elle était tout à l'heure à l'extrémité d'Adams' street, où elle retrouverait sa voiture...

Mais le rough l'atteignit une seconde fois, juste

au moment où elle passait devant un autre public-house.

Alors, miss Ellen jeta un cri :

— Laissez-moi, dit-elle je ne suis pas Fanny Bentam.

— Mais si... mais si... dit l'ivrogne, je reconnais ta voix.

— Laissez-moi, vous dis-je.

Et cette fois, l'accent de miss Ellen devint impérieux.

— Bah! bah! dit l'ivrogne, John Farlen n'est pas là pour te défendre. D'ailleurs, c'est un propre à rien.

Miss Ellen se débattait toujours.

Tout à coup, le rough jeta un cri, ouvrit les bras, et miss Ellen put se dégager.

La courageuse jeune fille avait toujours sur elle un petit stylet à lame damasquinée, à manche de nacre.

Tandis que le rough la tenait brutalement par les épaules, elle était parvenue à prendre cette arme à sa ceinture et à dégager son bras.

— Ah! poison! vipère! s'écria le rough, elle m'a assassiné.

Et il tomba.

Miss Ellen avait repris la fuite, mais l'autre

ivrogne s'était acharné à sa poursuite, et il parvint à la ressaisir.

En même temps, le cri du rough blessé avait retenti jusque dans le cabaret, et les gens qui s'y trouvaient étaient sortis en toute hâte.

Avez-vous passé quelquefois auprès d'une de ces vastes ruches de frelons, qui se trouvent dans les bois, et presque toujours au long d'un poteau indicateur?

C'est en été, l'atmosphère est brûlante, l'air est orageux; les frelons dorment dans leur demeure souterraine.

Un seul se trouve au dehors, se traînant paresseusement au soleil, au bord de son trou.

Vous passez, et vous l'écrasez...

Soudain, la ruche tout entière s'éveille, les frelons en sortent, bourdonnant, irrités, terribles, et si vous n'avez pris la fuite assez vite, vous êtes perdu!

Il en fut ainsi de miss Ellen.

Tandis que le rough qu'elle avait frappé en pleine poitrine tombait baigné dans son sang, l'autre avait saisi la jeune fille et, de la taverne voisine, des maisons environnantes, des profondeurs du sol, de partout avait surgi tout à coup une foule en guenilles, furieuse, hurlante, et qui entourait miss Ellen.

Cette fois, la jeune fille se débattait vainement.

— Ah ! coquine ! disaient les uns.

— Ah ! misérable ! hurlaient les autres.

— Elle m'a assassiné ! vociférait le blessé, qui se tordait sur le sol.

— C'est une voleuse !

— Non, c'est une belle de nuit de Regent' street.

— C'était sa maîtresse, et elle l'a quitté, disait l'autre ivrogne, qui secouait toujours miss Ellen après lui avoir arraché son poignard.

— Il faut la conduire à la station de police ! criait une grosse commère qui s'était approchée le point sur la hanche.

En se débattant, miss Ellen avait laissé tomber son voile, et son radieux visage apparaissait maintenant à découvert dans le rayon lumineux qui partait du public-house.

— Un beau brin de fille, ma foi, dit un autre ivrogne.

— Ce serait dommage de lui passer la corde au cou...

— C'est pourtant ce qui lui arrivera, dit un autre, si ce pauvre diable vient à mourir.

Un moment étourdie, frappée de stupeur, miss

Ellen avait fini par retrouver un peu de sang-froid.

Elle promena même sur cette foule irritée un regard impérieux et s'écria :

— Mais regardez-moi donc, vous verrez que vous ne me connaissez pas !

— C'est vrai, dit le landlord de la taverne, je ne la connais pas, et il y a trente ans que je suis du quartier..

— Cet homme, dit miss Ellen, en montrant le blessé qui continuait à vociférer, m'a insultée comme je passais... J'ai pris la fuite... il m'a rejointe..., je me suis débattue...

— Et tu l'as frappé, dit la commère, qui se sentait d'autant moins portée à l'indulgence que miss Ellen était jolie.

Cependant la jeune fille parlait avec énergie, avec autorité, et elle s'était fait des partisans.

— Je me suis défendue, disait-elle, j'étais dans mon droit...

— Oui, oui, firent quelques voix.

— Non ! ripostèrent plusieurs autres.

Miss Ellen était, on s'en souvient, vêtue fort simplement ; néanmoins son linge irréprochable et ses mains blanches attestaient qu'elle n'était pas une fille du peuple.

— Hé! mes amis, dit la marchande de poisson, je vous le répète, mademoiselle est une belle de nuit de Regent' street, et ce pourrait bien être une voleuse aussi.

— Vous mentez, madame! s'écria miss Ellen avec une grande énergie.

— Il faut la conduire à la station de police! répéta la marchande de poisson.

— Oui, oui, dirent les uns.

— Non, firent les autres.

Cette populace était déjà divisée en deux camps.

Seulement les partisans de la jeune fille n'étaient pas en nombre et ceux qui la voulaient conduire en prison allaient l'emporter.

Soudain un nouveau personnage intervint.

D'où sortait-il.

Personne n'aurait pu le dire.

Mais il arriva comme un ouragan; il tomba comme la foudre au milieu de cette foule qui voulait conduire miss Ellen à la station de police.

Ses deux poings fermés décrivirent un double moulinet en sens inverse et frappèrent.

Et, à chaque tour de bras, un des hommes qui serraient miss Ellen de plus près, tomba comme un bœuf sous la masse du boucher.

En même temps cet homme prit miss Ellen dans ses bras, fit un bond prodigieux, et, enlevant la jeune fille, il se mit à courir jusqu'au coupé qui attendait toujours au coin d'Adam's street.

Cela dura cinq minutes.

L'homme ouvrit la portière, jeta miss Ellen suffoquée au fond de sa voiture et cria au cocher :

— Chester street.

En même temps, il s'assit à côté de miss Ellen.

Et comme un rayon des lanternes du coupé tombait en ce moment sur son visage, la jeune patricienne jeta un cri :

— *L'homme gris!*

XLVII

C'était bien l'homme gris, en effet, qui venait de sauver miss Ellen.

D'où venait-il? comment était-il arrivé à point?

C'était là ce que nul n'aurait pu dire; et probablement personne ne le connaissait dans le Southwark.

Quand le coupé fut en mouvement, lorsque miss Ellen eut respiré, l'homme gris dit d'un ton railleur à la jeune fille :

— Avouez, miss Ellen, que je suis arrivé à temps.

— Vous! vous! disait-elle avec un accent égaré.

— Moi, miss Ellen.

— Mais qui donc êtes-vous?... Comment vous trouvez-vous toujours sur mon chemin?...

— Le hasard.

— Oh! fit-elle, le hasard n'a que faire avec vous.

— Miss Ellen, dit l'homme gris avec un accent de gravité mélancolique, je vous jure bien que c'est un pur hasard qui, ce soir, m'a permis de vous venir en aide.

Que venez-vous faire ici? je l'ignore et ne veux point le savoir. Peut-être espérez-vous revoir la mère de Dick...

— Taisez-vous! s'écria-t-elle.

— Veuillez m'excuser, miss Ellen, reprit-il, si, au lieu de me retirer sur-le-champ, j'ai osé monter dans votre voiture, c'est que je ne suis pas fâché de causer un instant avec vous...

— Parlez, dit-elle, si vous avez quelque chose à me dire, je suis prête à vous écouter. Mais, ajouta-t-elle d'une voix plus sourde, vous m'avez rendu un service aujourd'hui, un grand service même, car si on m'avait conduite à la station de police, j'eusse été contrainte de me faire reconnaître. Permettez-moi donc de vous remercier, monsieur.

Elle essaya de prononcer ces derniers mots d'un ton affectueux, et n'y put parvenir.

En dépit de ses efforts, la haine perçait dans sa voix.

— Si j'ai osé m'asseoir près de vous, miss Ellen, reprit l'homme gris, c'est que je voulais m'excuser d'avoir manqué au rendez-vous que je vous avais donné...

— Ah ! c'est juste.

— Je vous avais même promis de vous dire où étaient les lettres que vous aviez écrites à Dick...

Miss Ellen se sentit pâlir, et elle regretta peut-être de ne pas encore être aux mains de cette populace en délire qui lui pouvait faire un mauvais parti.

— Miss Ellen, dit encore l'homme gris, vous avez un cheval qui marche un train d'enfer; nous voici tout à l'heure au pont de Westminster, et, si cela continue, en un rien de temps nous serons dans Belgrave square, et, par conséquent, chez vous.

Miss Ellen baissa la glace du coupé.

— Williams, dit-elle à son cocher, allez au pas, traversez le pont, passez devant l'abbaye, prenez

Parliament street et White hall, et allez-vous-en jusqu'à Trafalgar square.

Le cocher fit un signe de tête affirmatif et mit son cheval au pas.

Alors miss Ellen dit à l'homme gris :

— Maintenant, monsieur, vous pouvez parler, je vous écoute.

— Miss Ellen, reprit l'homme gris, je suis coupable d'incivilité, en apparence, et je tiens à me disculper.

J'ai eu besoin de vous, vous m'avez rendu un véritable service en consentant à céder vos habits et votre plaque de cuivre à cette pauvre Suzannah, qui voulait voir Bulton une dernière fois.

En échange, je vous avais promis... de me présenter chez vous... le lendemain.

— A minuit, fit miss Ellen avec un accent d'ironie.

— C'était l'heure la plus commode pour ne vous point compromettre.

— C'est juste, mais vous n'êtes pas venu.

— J'ai été accablé de courses, d'affaires mystérieuses, miss Ellen ; vous savez qu'on allait pendre John Colden.

— En effet, dit miss Ellen.

— John Colden est un des fils dévoués de cette Irlande que votre père a trahie et dont vous vous êtes déclarée l'ennemie.

— Après ? dit froidement miss Ellen.

— John Colden, poursuivit-il, avait risqué sa vie pour arracher l'enfant au moulin.

— Oui, oui, dit miss Ellen d'une voix sifflante, je sais cela.

— Il fallait donc à tout prix sauver John Colden.

— Et vous l'avez sauvé ! ricana la patricienne.

— J'aurais mauvaise grâce à nier ce que le *Times* a raconté si longuement.

— Continuez, dit froidement miss Ellen.

— Or donc, poursuivit l'homme gris, John Colden est sauvé ; mais ma tête est mise à prix.

L'accent d'ironie de miss Ellen prit des proportions plus larges :

— Compteriez-vous par hasard sur moi, dit-elle, pour la mettre en sûreté ?

— J'attends moins et plus de vous, miss Ellen.

— Ah ! par exemple !

Tenez, reprit-il avec ce sang-froid superbe qui avait plusieurs fois déjà déconcerté miss Ellen, je suis l'homme qui a coupé la corde de John Colden; la police me recherche; si je suis pris, je serai condamné, et si je suis condamné, je serai pendu. Je sais que vous me haïssez...

— J'ai la franchise d'en convenir, dit miss Ellen, bien que tout à l'heure vous m'ayiez sauvée.

— Eh bien! continua l'homme gris, j'ai néanmoins l'audace de monter dans cette voiture. Nous voici dans Parliament street et, Scotland yard est à deux pas; j'aperçois des policemen se promenant deux par deux sur les trottoirs, je vois deux horse-guard, dans leur guérite, à la porte le l'amirauté. Vous n'avez qu'à baisser la glace de cette portière, à jeter un cri, à faire un signe, et je suis pris...

— Cela est vrai, dit miss Ellen, qui eut, en ce moment, un furieux battement de cœur.

— Cependant, miss Ellen, je ne tremble pas, je reste auprès de vous, et je suis si bien armé que je ne crains rien.

— Ah! vous êtes armé?

— Oui; d'un secret.

Miss Ellen tressaillit.

— Je vous ai dit tout à l'heure, miss Ellen, que j'attendais de vous plus que le salut de ma tête.

— En vérité! fit-elle avec une ironie croissante.

— Je veux que vous deveniez mon alliée...

— Ah ! par exemple !

— Je dis mieux, ma complice.

— Vous êtes fou !

— Écoutez, dit-il froidement, votre père a trahi l'Irlande.

—Mon père est Anglais, monsieur.

— Soit, miss Ellen ; je ne veux pas chicaner sur les mots. Je veux que vous serviez l'Irlande, moi.

Miss Ellen eut un ricanement cruel.

— Si je le fais jamais, dit-elle, ce sera contrainte et forcée.

— Qui sait ?

Et il la regarda ; et, une fois encore, elle se sentit palpiter sous cet œil noir et profond qui la bouleversait.

Pourtant elle releva bientôt la tête :

— Et vous comptez sans doute sur ces lettres que le hasard, la trahison ou peut-être un crime ont mises entre vos mains ? Car, vous les avez, n'est-ce pas ?

— Oui, mis Ellen.

— Où donc les avez-vous prises?

—Dans le cercueil de Dick Harrisson.

Miss Ellen étouffa un cri :

— Ah ! sotte que j'étais, murmura-t-elle, j'aurais dû m'en douter !

L'homme gris poursuivit :

— Eh bien ! non, miss Ellen, ce n'est pas sur ces lettres que je compte. Je les garde, néanmoins, car elles sont pour moi une arme défensive.

— Et sur quoi donc basez-vous cette espérance de me voir un jour servir l'Irlande ? demanda miss Ellen toujours railleuse.

— Vous me haïssez trop pour que je ne vous domine pas un jour, répondit-il.

Et il ouvrit la portière vivement :

— Adieu, miss Ellen, dit-il, au revoir plutôt... ne craignez rien... vos lettres sont en sûreté...

Il sauta lestement à terre, et miss Ellen stupéfaite, n'avait pas encore eu le temps de prononcer un mot qu'il s'éloignait en courant.

XLVIII

Miss Ellen demeura stupéfaite de ce brusque départ.

Elle n'avait pas eu le temps de respirer que l'homme gris avait déjà disparu.

— Oh ! dit-elle enfin avec un accent de haine et de mépris tout à la fois, cet homme me brave, mais je l'écraserai comme un reptile.

La patricienne avait des tempêtes dans l'âme.

Quel était cet homme qui possédait son secret? Cet homme qui savait tout sur elle, et sur qui elle ne savait rien?

Aujourd'hui gentleman, rough demain, tantôt montant à Hyde Park un cheval pur sang, et tantôt s'attablant dans une taverne du Wapping avec des voleurs et des filles perdues, cet homme avait osé parler la tête haute à miss Ellen.

Il l'avait courbée sous son regard d'aigle, il avait eu l'impudence de lui dire : « Je veux que vous serviez l'Irlande que votre père a trahie! »

Ces dernières paroles étaient une menace, une menace qui froissait l'orgueil de miss Ellen, plus encore que celle de faire usage de ces lettres que Dick Harrisson avait fait mettre dans sa bière.

— Oh! se dit miss Ellen, après une minute de rêverie, il faut que cet homme soit châtié!

Elle secoua alors le cordon de soie qui correspondait au petit doigt du cocher.

Celui-ci s'arrêta et se pencha pour recevoir ses ordres.

— A Notting Hill, lui dit la jeune fille, et ventre à terre.

Le cocher rendit la main à son trotteur, qui fila comme une flèche.

Pendant que le rapide attelage dévorait l'espace, miss Ellen se disait :

— Les haines religieuses sont mieux trempées que les haines politiques. Ce prêtre que je vais voir servira ma vengeance plus sûrement et plus fidèlement que tous les ministres du monde.

Une lueur s'était faite, comme on va le voir, dans l'esprit de miss Ellen, et la fière patricienne avait tout à coup trouvé un auxiliaire digne de la comprendre.

Notting Hill est un quartier éloigné de Londres, à l'ouest de Kinsington gardens.

Il y a de belles rues larges, des squares merveilleusement ratissés et entretenus, quelques parcs en miniature où paissent çà et là deux ou trois moutons, des centaines de jolies maisons, toutes bâties sur le même modèle et qui paraissent sortir d'une boîte à jouets de Nuremberg; et pas une boutique ni un magasin.

Aussi, dès neuf heures du soir, les rues sont désertes, et si l'Anglais était curieux, tout le monde se mettrait aux fenêtres en entendant rouler une voiture.

En vingt minutes, le coupé de miss Ellen s'arrêta entre la grille de Kinsington gardens et Notting Hill.

Le cocher se pencha de nouveau et attendit.

— Elgin Crescent, lui dit mis Ellen.

Le coupé repartit. Quelques minutes après, il s'arrêtait devant une petite maison, sœur jumelle de toutes celles du quartier, ayant son petit jardin donnant, par derrière, sur un square, avec une grille de communication.

Miss Ellen mit pied à terre, monta lentement les trois marches de la porte d'entrée et appuya ses doigts mignons sur le bouton de la sonnette.

Il n'y avait pas une âme dans la rue, pas une lumière ne brillait aux fenêtres de la maison.

On eût dit qu'elle était déserte.

Cependant, à peine miss Ellen eût-elle sonné que des pas retentirent à l'intérieur, des pas lents, mesurés, qui avaient quelque chose de méthodique et de solennel.

Puis la porte s'ouvrit, et un homme se montra sur le seuil, tenant à la main un de ces bougeoirs à dossier de cuivre poli qu'on appelle des lampes d'escalier.

Cet homme était vêtu de noir des pieds à la tête et cravaté de blanc.

Il portait une de ces longues redingotes auxquelles il est toujours facile, à Londres, de reconnaître les ministres de la religion anglicane.

A la vue d'une femme, il fit un pas de retraite, comme il convient à un saint pasteur, qui doit toujours se mettre en garde contre les tentations du démon.

— Vous êtes le révérend sir Peters Town? lui dit la jeune fille.

— Oui, milady, répondit-il, attachant sur la jeune fille un œil austère.

— C'est bien vous que je cherche, dit miss Ellen.

Et elle entra.

Sir Peters Town fit un nouveau pas de retraite.

Miss Ellen lui dit :

— C'est bien à Votre Honneur que j'en ai, et que Votre Honneur se rassure, je ne suis ni une solliciteuse ni une importune.

Le révérend était déjà fixé. Il avait aperçu dans la rue le coupé de miss Ellen.

En dépit de ses vêtements d'une simplicité bourgeoise, miss Ellen avait un grand air qui acheva de subjuguer sir Peters Town.

Il emmena la jeune fille au fond du corridor et poussa une porte d'où s'échappait un rayon de clarté,

Miss Ellen était au seuil d'une manière de cabinet de travail, dont les fenêtres donnaient sur le jardin et le square; ce qui expliquait que, de la rue, elle n'eût pas vu de lumière.

Cette pièce assez vaste était tendue d'une étoffe verte qui devait la rendre fort sombre, pendant le jour.

Une vaste table surchargée de livres et de papiers était au milieu, et tout auprès se trouvait une cheminée dans laquelle brûlait un maigre feu.

L'homme chez qui miss Ellen pénétrait ne paraissait pas, comme on voit, sacrifier grand chose au confortable.

Il avança un siége à miss Ellen de l'autre côté de la table qu'il mit entre elle et lui comme une barrière et lui dit :

— A qui ai-je l'honneur de parler?

— Je le vois, répondit miss Ellen, vous ne me reconnaissez pas.

— En effet, dit-il, je ne sais... il me semble pourtant...

Et il la regardait avec une attention méticuleuse et qui n'était pas dépourvue de défiance.

Ce personnage était un homme d'environ cinquante-cinq ans.

Il était grand, mince, chauve, avec quelques mèches de cheveux grisonnants qui descendaient irrégulièrement aux deux côtés de ses tempes osseuses.

Ses lèvres minces, son nez droit, ses petits yeux gris, profondément enfoncés sous une arcade sourcillière énorme, lui donnaient une expression de volonté sauvage et d'énergique dureté.

On devinait en lui, à première vue, un de ces prêtres méthodistes qui ne songent qu'à convertir de gré ou de force à leur doctrine tous ceux qu'ils trouvent sur leur chemin.

Miss Ellen lui dit :

— Je vous ai vu cependant deux fois.

— Ah! fit le révérend.

— Chez mon père, ajouta-t-elle.

— Votre... père?...

— Oui, et j'ai assisté même a un entretien des plus sérieux que vous avez eu avec lui.

Le révérend regardait miss Ellen avec une ténacité croissante.

— J'ai pourtant la mémoire des visages, dit-il.

— Vraiment? fit miss Ellen avec un sourire quelque peu ironique, tandis que le prêtre baissait tout à coup les yeux sous son regard.

— Mais, reprit-il, il y a évidemment quelque chose de changé... dans votre personne...

— Ou dans mon costume, dit miss Ellen.

— Peut-être...

— Mon révérend, reprit-elle, je n'ai vraiment pas le temps d'exercer votre mémoire et je vais lui venir en aide sur-le-champ.

— Ah! fit M. Peters' Town.

— Je m'appelle miss Ellen et je suis fille de lord Palmure.

Ce fut comme un coup de théâtre.

A ce nom, le révérend se leva vivement et s'inclina aussi bas que possible en disant :

— Pardonnez-moi, miss Ellen, je suis un étourdi, et cependant à mon âge...

— Monsieur, ajouta miss Ellen, je ne viens pas chez vous à dix heures et demie du soir, et toute seule, sans de graves et puissantes raisons...

Le révérend s'inclina encore.

— Je viens *pour l'Irlande*, dit-elle.

Ces mots firent passer un nuage sur le front blafard du prêtre, et un éclair de haine subite s'échappa de ses petits yeux qui petillaient alors d'un fauve éclat.

XLIX

Ces mots : *pour l'Irlande,* accentués d'une certaine façon par miss Ellen, avaient suffi pour établir comme un courant de sympathie électrique entre elle et le révérend Peters Town. Elle continua :

— Mon révérend, la fille de lord Palmure, comme vous le pensez bien, est au courant de la politique.

— Cela doit être, fit le prêtre en saluant de nouveau.

— Et elle n'ignore aucune des questions qui intéressent en ce moment l'Angleterre.

Ici, il y eut un nouveau salut du révérend.

Miss Ellen poursuivit :

— Mon père n'a pas d'autre secrétaire que moi.

— Ah !

— Je décachette son courrier et je réponds souvent en son nom aux plus hauts personnages.

Miss Ellen disait vrai, et on le sentait, en dépit de sa jeunesse, à cette voix calme, légèrement ironique, et douée d'un timbre plein d'autorité.

— Mon père, poursuivit miss Ellen, a, comme vous le savez, une grande autorité à la Chambre haute.

Le révérend fit un geste affirmatif.

— Et on le sait un ennemi acharné de l'Irlande et de ces misérables qui ont depuis quelque temps déclaré à l'Angleterre une guerre ténébreuse.

Le petit œil du révérend eut un nouvel éclair de haine.

— Cependant, reprit la jeune fille, l'Irlande a des ennemis plus acharnés que mon père et les hommes de son parti.

— Et... fit le révérend en fronçant le sourcil, quels sont ces hommes, mademoiselle?

— Vous et les vôtres.

— Vous croyez?

La haine de parti s'émousse quelquefois, continua miss Ellen, la haine de secte, jamais.

Le clergé anglican hait mortellement le clergé catholique, dont le foyer, pour les trois royaumes, est l'Irlande.

— Fort bien, dit le prêtre.

— C'est une haine sans trêve, sans merci, que celle que vous avez vouée à l'Irlande, reprit miss Ellen, et c'est pour cela que je suis venue.

Le révérend attendait que la patricienne s'expliquât nettement.

— Vous avez offert à mon père le secours de cette armée occulte que vous commandez, n'est-ce pas?

Sir Peters Town regarda de nouveau miss Ellen.

Celle-ci avait aux lèvres ce sourire confiant et moqueur qui sied à ceux qui touchent à la diplomatie.

— La religion anglicane, comme le catholicisme, poursuivit miss Ellen, a ses affiliations religieuses qui ont un but politique, ses sociétés mystérieuses et secrètes qui tiennent en échec le clergé régulier et l'archevêque de Cantorbéry lui-même.

Or, vous êtes le chef suprême d'une de ces associations, la plus puissante, selon moi, celle qui a voué une guerre d'extermination à l'Irlande...

— Cela est vrai, miss Ellen.

— Et c'est pour cela qu'au lieu de dédaigner votre concours, comme mon père, qui a été mal inspiré ce jour-là, je viens à vous.

— Ah ! fit le révérend, qui se méprit aux paroles de miss Ellen, lord Palmure se ravise ?

— Non, je ne viens pas de sa part.

— De laquelle donc venez-vous ?

— De la mienne, dit froidement miss Ellen.

Le révérend la regarda de nouveau.

Et, cette fois, il eut un tressaillement par tout son être.

Son regard avait heurté celui de miss Ellen comme se heurteraient deux lames d'épée forgées et trempées ensemble, après avoir été tirées du même bloc d'acier.

Et le prêtre eut soudain une confiance aveugle en cette jeune fille à l'œil dominateur, et que la nature avait armée pour la lutte, en lui donnant une beauté souveraine.

— Parlez, miss Ellen, dit-il.

Cela voulait dire :

— Je suis prêt à me lier à vous et à vous servir comme vous me servirez.

— Mon révérend, dit alors miss Ellen, vous et les vôtres avez fait beaucoup contre l'Irlande, et cependant vos tentatives n'ont pas été couronnées de succès.

Le ministre se mordit les lèvres.

— Un de vos instruments les plus dociles et les plus sûrs vous a manqué tout à coup. Je veux parler d'un usurier nommé Thomas Elgin, qui avait emprisonné à White cross un homme que vous considérez avec raison comme un des amis du parti irlandais.

Je veux parler de l'abbé Samuel.

— Vous savez cela ? dit Peters' Town.

— Je sais encore que vos ennemis attendaient quatre chefs qui devaient se trouver, un dimanche, à huit heures, dans l'église Saint-Gilles, et se réunir autour de ce prêtre dont je vous parle.

— C'est vrai.

— Le prêtre mis en prison, ces hommes n'on pu d'abord se réunir, et ils ont erré longtemps dans les rues de Londres, se cherchant mutuellement et ne parvenant pas à se rencontrer, car ils ne se connaissaient pas.

— Cela est vrai encore.

— M. Thomas Elgin a failli être assassiné, et il vous a manqué au moment où vous aviez le plus besoin de lui.

Le révérend soupira.

— Le prêtre est sorti de prison.

— Hélas !

— Et les quatre chefs que vous aviez dispersés aux quatre coins de Londres et qui certainement n'auraient jamais dû se réunir, ont fini par se rejoindre. Suis-je informée, mon révérend ?

— Parfaitement, dit sir Peters Town.

— Enfin, dit encore miss Ellen, il y a deux jours, les fenians, car il faut bien les appeler par leur nom, ont arraché un des leurs à l'échafaud, à l'heure même de l'exécution, et quand il avait au cou la corde du bourreau.

L'œil du révérend Peters Town étincela de fureur.

— Vous savez aussi cela, continua miss Ellen, mais il est une chose que vous ne savez pas.

— Ah !

— C'est que cet homme qu'on croit être leur instrument...

— L'homme gris ?

— Oui.

— Eh bien ? fit le prêtre anxieux.

— C'est leur chef suprême, dit miss Ellen. Vous le voyez, poursuivit-elle toujours souriante, ce que vous, le chef d'une armée mystérieuse, ce que mon père, un membre influent de la Chambre haute, ne saviez pas, je le sais, moi.

Sir Peters Town voulut parler ; miss Ellen l'arrêta d'un geste :

— Attendez encore, dit-elle. Ce chef invisible, ou plutôt introuvable et qui a mis sur les dents depuis deux jours toute la police de Scotland Yard, je le connais, moi.

— Vous ! exclama le prêtre.

— Je l'ai vu.

— Mais où ?

— Chez moi, et ailleurs.

— Quand ?

— Chez moi, il y a trois semaines.

— Il a osé aller chez vous !

— Ailleurs, il y a huit jours, et il y a une heure.

— Une heure ! s'écria sir Peters Town.

— Je l'ai eu à mes côtés, dans ma voiture, et je lui ai parlé familièrement comme je vous parle...

— Mais... cet homme... balbutia le prêtre stupéfait, d'où venait-il, que vous voulait-il ?...

— Ceci est mon secret, dit miss Ellen. Maintenant, voulez-vous savoir pourquoi je suis venue ?

— Parlez...

— Mon père hait l'Irlande pour des motifs politiques.

— Fort bien, dit le révérend.

— Vous haïssez l'Irlande, vous et les vôtres, de toute la puissance sauvage et vivace d'une haine de secte et de croyance.

— Soit.

— Je hais l'Irlande, moi, parce que je hais cet homme dont je vous parle, et qui semble tenir les destinées de ce pays dans sa main et les préparer à un triomphe prochain.

— Oh ! cela ne sera pas ! s'écria sir Peters Town.

— Je le hais, reprit miss Ellen avec un accent cruel, et je me suis fait un serment, celui de ne me reposer ni jour ni nuit que je ne l'aie brisé comme un roseau, et tenu palpitant et demandant grâce sous mes pieds.

Comprenez-vous maintenant, mon révérend, pourquoi je suis venue à vous ?

— Oui, répondit-il.

Et la jeune fille, froissée dans son orgueil et le ministre austère et fanatique échangèrent un nouveau regard, et ce regard fut un pacte de haine et de vengeance tout entier.

Puis ils se tendirent la main...

L'homme gris avait désormais deux ennemis implacables.

FIN DU TROISIÈME VOLUME

www.ingramcontent.com/pod-product-compliance
Lightning Source LLC
Chambersburg PA
CBHW050731170426
43202CB00013B/2259